大人の「品」は
艶髪《ツヤ》でつくられる

美髪アドバイザー
田村マナ 著

はじめに

あなたは自分の髪に満足していますか？

これまで、毛髪診断士として1万5000人以上の方とお会いしてきましたが、みなさん、顔のスキンケアには手間もお金もかけるのに、9割の方が髪のケアはおろそかにしています。

ある程度の年齢になったら、髪の悩みがない人はいないのではないかと思うほど、悩みのオンパレードです。髪がパサつく、立ち上がりが弱くなったという悩みから、白髪や薄毛など深刻なものまで……。髪が決まらなければ、鏡の自分にOKを出すこともできません。でもみなさん、悩んでいるだけで誰に相談していいのかわからない。どうケアをしていいのかわからない。解決の方法がわからないのです。

この本を書くきっかけになったのも、本当の意味で髪のケアをしてほしいという思いから。髪は顔以上に印象に影響する度合いが大きいのに、ヘアスタイルやアレンジにばかり目が行って、ケアすることと真剣に向き合っていない人が多すぎます。

髪は生えているのが当たり前だと思っていて、ほとんどの方は抜け始めて急に不安になります。そして「私の髪は遺伝だから仕方がない」「年齢だから仕方ない」と最初から諦めている方の多いこと。骨格や体質は遺伝しますが、白髪や薄毛はしっかりケアすれば予防も改善もできる！　と声を大にして言いたいです。

私は、目指すべき髪のあり方を、シンプルに「艶髪《ツヤ》」と表現しています。

艶がある髪は、水分も栄養も行き届いていてコシがある。自然とボリュームを出すことも簡単にできます。大人の女性の輝きは、顔を縁取る艶やかな髪が後押しします。

この本には今日からすぐにでも始められることを書きました。「美しくなりたい」その気持ちさえあれば何歳からでも人は変われます。遅すぎるなんてことはありません。ぜひあなたの髪が変わるのを楽しみながらケアをしてみてください。この本を読んで、やっぱり髪って大切ね！　と思っていただけることを願ってやみません。

田村マナ

髪に艶《ツヤ》があること。
それがあなたの印象を決定します。
大人の女性の「品」や「かわいげ」には
艶のある髪がどうしても必要なのです。

天使の輪は必要ありません。
光に当たった部分が反射して白く光る。
それさえきれいに見えれば「艶髪《ツヤ》」と言えます。

contents

目次

はじめに …… 2

大塚寧々さんインタビュー …… 14

第1章 艶髪があなたの印象を決める

大人が手をかけるべきは、顔よりむしろ髪 …… 22

艶髪とは「すっぴん」状態が
健康で美しい髪のこと …… 24

素敵と思わせるためには
2つのポイントを押さえる …… 27

対症療法だけでは美しい髪は保てない …… 30

自信を与えてくれるのは、
常に髪だという事実 …… 32

傷んでいると感じたら
迷わずショートにしてみる …… 34

それでもロングに挑戦するメリットはある …… 36

何歳からでも髪は蘇る
諦めたらそこで美髪は終了です …… 38

column.1
抜け毛が多い⁉
そんなときは枕の上をチェックしよう …… 40

第2章　ヘアケアの基本はブラッシングにあり

世界共通の美意識
美しい髪には艶がある……42
美しさへの第一歩
１日数回のブラッシング習慣を……44
これはＮＧ！
３つのあるあるブラッシング習慣……46
汚れをとる、艶が出る、うるおう
15のいいことがブラッシングでかなう！……48
汚れを落とすシャンプー前の夜ブラ……50
表面を整えて艶を出す朝ブラ……52
ボリュームアップするエアリーブラッシング……54
ブラシは運命の１本より
誕生日ごとに新しい１本を……56
髪がからまるときは
さらさらオイルでブラッシング……58
column.2
艶髪にとって大事なもの
キューティクルの構造……60

contents

目次

第3章 今すぐできる！ 艶とボリュームアップをかなえるテクニック

確実に艶を出す5つの方法 …… 62
艶髪がよみがえる シャンプー前のオイルパック …… 64
ドライヤーのかけ方次第で 艶とボリュームが格段に変わる …… 68
今日からできるドライヤーのかけ方 …… 70
ヘアアイロンを使ったほうがいい これだけの理由 …… 72
アイロンは温度とあてる場所が 夜まで艶を保つコツ …… 74
スタイリング剤は 形状の個性を知った上で選ぶ
ミルク／オイル／クリーム／スプレー／パウダー …… 76
手をかけているように見せるには 3つのポイントを押さえればいい …… 83
ボリュームアップして見せるには 分け目がポイント …… 86
分け目アレンジの3秒テクニック …… 88
外出先でふんわり艶髪が復活！ メイク直しならぬ「髪直し」を
つげ櫛／指サンドイッチ／浮き髪にハンドクリーム …… 90
column.3（コラム3） 結ぶ最中と仕上げが肝心 ボリュームアップアレンジ …… 94

第4章 髪質も見た目も変えることができる大人の頭皮ケア

頭皮ケアで髪の未来は変えられる …… 96
美しい頭皮かチェック！
ポイントは色で見る …… 98
健康な頭皮かどうかは
こめかみの動きで確かめる …… 100
ホルモンバランスにも関係
髪は人生の映し鏡です …… 102
顔の輪郭と血色まで変わる！
そのために毛穴力を鍛えよう …… 104
細くなった髪は頭皮ケアで元にもどせる …… 106
自力で動かせない頭皮は
手でマッサージしてめぐらせる …… 108
1分でめぐりがよくなる血流マッサージ …… 110
シャンプーは頭皮マッサージを兼ねる …… 112
頭皮の毛穴力を鍛える
シャンプーテク　決定版 …… 114
シャンプー迷子がこんなに多いワケ …… 116
今あなたに必要なシャンプーの選び方 …… 118
オーガニックは1つの選択肢と考える …… 120
シリコンは髪と頭皮に
どんな影響を与えるのか …… 122
乾燥、薄毛、白髪には頭皮用美容液を！ …… 124
エイジングによる髪悩みには
3つのタイプから美容液を選ぼう …… 126
悩み別、オススメの頭皮用美容液 …… 128
頭皮用美容液が
トラブル解消に有効なワケ …… 130
しっかり浸透させるひと手間がポイント …… 132
column.4
朝シャンはなぜいけない？
場合によっては薄毛や白髪の原因に …… 134

contents

目次

第5章　白髪は黒髪にもどる可能性を秘めている

今は白髪でもこれから生えてくる髪は変えられる……136
不規則なライフスタイルは黒と白のボーダーヘアを招く……138
生命力が弱ると白髪が発生自分を甘やかしてみることも大切……140
一点集中の部分白髪は場所別におもな原因がある……142
白髪の改善を目指すならキーワードは抗酸化！……145
白髪にならないためのリラックスマッサージ……148
白髪のカラーリングはサロンですべき？　自宅ですべき？……150
家でのポイントケアにはヘアマスカラがオススメ……152
column.5
艶と透明感のある「グレイヘア」を目指すなら……154

第6章　半年後のあなたの髪は今の「食」からつくられる

育毛剤も治療も「栄養」という土台がなければ無意味になる……156
髪の毛はすべて食べたものからできている……158
髪のクオリティを上げるために絶対不可欠な「3大美髪フード」……160
現代人は戦後すぐと同じレベルの栄養失調状態……162
圧倒的なミネラル不足をブラックフードで補う……164
発酵食品で「美髪菌」を増やす……166
手軽に栄養が摂れるドリンクやサプリ……168

特別インタビュー　育毛外来　田路めぐみ先生……170
いざとなったらプロの手で一発逆転！　目的別サロンガイド……176
おわりに……180
SHOP LIST……182

髪がきれいな大人の女性代表

大塚寧々さんインタビュー

Interview with Ohtsuka Nene

田村 本書のカバーモデルには、大人の女性が憧れる存在として大塚寧々さんにご登場いただきました。撮影中も本当にきれいで艶っぽくて、見ている私がドキドキしてしまいました!

大塚 ありがとうございます。私、性格はいたってさっぱりしちゃってるので(笑)全然艶っぽくないんですけど、そう言っていただけるのはすごく嬉しいです。女性にとって艶はすべてにおいて大事だと思いますし、髪に限らず、肌でもなんでも、艶は全部失いたくないです!(笑)

田村 同感です。ところで最近は少し短くされていますが、大塚さんといえばきれいなロングヘアというイメージが強いです。やはりロングがお好きなんですか?

大塚 すごくロングが好きというわけではないですが、どうしてもドラマや映画の撮影中は髪型が変えられないので、仕事が重なると切るタイミングがなくて。今年はたまたまタイミングがあったのでここで切るしかない!と思いました(笑)。

田村 プライベートではどんなアレンジにしているんですか?

大塚 家ではだいたい結ぶか、バレッタなどで簡単にまとめています。家事があ

るので、そのほうが楽なんですよね。出かけるときは洋服によって、ちょっと女らしい服のときは髪はまとめようかなとか、逆にすごくメンズっぽい服を着てるときにはダウンスタイルで女っぽくしたりとか。服とのバランスは考えますね。

田村 髪の与える印象は大きいですよね。私のカウンセリングに来る方は、アラフォーくらいから髪質が変わって、細毛やうねりなど悩みが増えたという方が多いんです。大塚さんは年齢を重ねることで髪の変化を感じたことはありますか？

大塚 やっぱりこれからは白髪のケアとか、メンテナンスが大変になっていくだろうなとは思います。髪質に関しては、私はもともと毛がすごく細くて猫っ毛なので、そんなに変化は感じていないですね。

田村 それは多分、きちんとお手入れされているからだと思いますよ。普段はどんなケアをされているんですか？

大塚 特別なことではないですが、洗ったら絶対すぐに乾かします。あと、朝シャンしない！（笑）

田村 朝シャンしない！　それはなぜ？

―

大塚　1日の汚れはその日のうちにすべて流したいから、必ず夜シャンプーします。それで朝またシャンプーしてドライヤーかけていたら傷むと思うんです。シャンプーも1回で済ませたいから、洗う前にかなりしっかりお湯で流します。

田村　実はそれ、本編で詳しく説明していますが、髪にとってはとてもいいことなんですよ。シャンプー前にブラッシングはしていますか？

大塚　あまりスタイリング剤などついていない状態のときはしています。でも仕事柄、ワックスやスプレーなどで固めていることも多いので、そういうときは無理せず手でほぐして、お湯で落とせるだけ落としてからシャンプーします。

田村　そういうときの裏ワザとして、先にトリートメントをつけてみてください。そのあとシャンプーすると、余分なワックスがトリートメントで流されて、かつ、髪の毛をガードしてシャンプーができるのでオススメです。

大塚　それはぜひやってみます。すごくいいこと聞いた（笑）。

田村　でも全体にとても正しいケアをしていますね。自然にやっていることが全部髪にいい。普段の生活で気をつけていることはありますか？

大塚　普段の生活は習慣になってしまっているのでほぼ無意識なんですけど（笑）、気をつけてはいます。睡眠をしっかりとるとか、寝るときは肌や髪に刺激がないよう枕カバーをシルクにして、しょっちゅう洗濯するとか。

田村　それもすごくいいですね。食生活はどんなことを気にしていますか？

大塚　揚げ物ばかり食べすぎないとか（笑）。家族の食事も作っていますから、食べるものは何かに偏らないようバランスを考えます。たとえばお肉なら、牛肉、豚肉、鶏肉と偏らないように食べる。野菜も緑の葉物に偏りすぎないで、オレンジ色や黄色の野菜も、根菜もとる。スムージーを飲んだら温野菜が食べたくなるタイプです（笑）。食事に限らず何に関しても、バランスをとることはすごく大事にしていますね。

田村　大塚さんはすごく緊張するお仕事をされて、子育てもされていて、切り替えが難しいと思いますが、どうやってリフレッシュされるんですか？

大塚　長いお休みがあれば旅行に行きます。短ければ、友達や主人と飲んでいますね（笑）。最近は太極拳もやっていて楽しいです。でも切り替えということでいうと、夜シャンプーして1日の疲れも汚れもすべてを流すというのは、必ずやっているリフレッシュかもしれません。

田村　髪のためだけでなく、全体につながっているんですね。そういうバランス感覚が艶っぽさにつながっているような気がします。

profile

—

大塚寧々（おおつか・ねね）
女優。6月14日生まれ、東京都出身。日本大学芸術学部写真学科卒業。雑誌『GLOW』（宝島社）にて、ファッションコラムを連載中。主な著書に『大塚寧々スタイルブック「寧々カジ134」』（宝島社）など。

第1章

chapter.1

艶髪があなたの印象を決める

大人が手をかけるべきは、顔よりむしろ髪

あなたの印象は、ほぼ髪が握っています。

顔よりも、体型よりも、メイクやファッションよりも、パッと見の印象に残るのはまず髪。街を歩いていてふとガラスに映る自分の姿を見たとき、思わず髪を直していませんか？　また、家に突然誰かが来たとき、鍵を開ける前に鏡を見て前髪を整えてはいませんか？　みんな、印象を決めるのが髪だと、無意識のうちにわかっているからです。

印象に影響する髪の比重は、年齢を重ねれば重ねるほど、大きくなっていきます。**なぜなら髪は、エイジングがダイレクトに目に見える形で現れる場所だから**。シミはお化粧で隠せるかもしれませんが、髪を隠すことはできません。

どんなにおしゃれでも、きちんとメイクをしていても、髪がパサついていたり、ボサボサだったら、実際以上に老けた印象が強くなってしまいます。

年齢を重ねると、もともとの顔の造作より、それまで歩んできた人生が表情に現れて、人の美醜を決定づけるといわれています。髪はさらに一歩進んで、その人がどう生きてきたのか、どう暮らしてきたのかが現れてくるものなのです。

大人の女性の「品」や「かわいげ」「美しさ」といったものは、髪によって醸し出されます。大人が最も手をかけるべきなのは、顔よりもむしろ髪です。

自分の髪に向き合って、しっかり手をかけてあげる。それは大人のマナーといってもいいかもしれません。

そして手をかければかけただけ、しっかり結果として返ってくる。今がどんな状態でも、きちんとお手入れすればやり直しがきく。それが髪のいいところです。

「髪は裏切らない」――このことを、ぜひみなさんにお伝えしたいと思っています。

艶髪とは「すっぴん」状態が健康で美しい髪のこと

大人の女性が美しくあるために必要なもの、それが「艶髪」です。

艶髪というと、みなさんよく「天使の輪」がある髪のことだと思うようです。ストレートの長い髪で、頭のハチの部分がぐるりと一周光って、天使の輪ができている状態……。残念ながらそれは、子どもの髪の話です。

大人の女性の髪で天使の輪をつくろうと思ったら、どうしてもペッタリとした質感にしなければならず、「こなれ感」全盛の今のファッションには合いません。また、ただでさえボリュームを出しにくくなった大人の髪では、ストレートのロングはますます貧相に見えてしまいます。

私が提唱している**艶髪とは、光が当たったときに反射して白く輝く。キューティクルが一定方向にそろっている。さわるとなめらかで、ゴワゴワするところがない。**こうした特徴をもつ髪のことです。

ヘアスタイルは関係ありません。カラーリングしていても、パーマをかけていても、定義は同じです。

また艶髪の定義は、肌と一緒です。肌もキメがそろっていて、さわったときにザラザラしていない、光に反射して輝く、それが艶肌ですよね。

最近はSNSなどで、芸能人のすっぴんが話題になることがあります。すっぴんの肌がきれいなら、化粧のノリもいいし、健康的で美しく見える。

髪の毛も「すっぴん」状態が健康で美しければ、ヘアスタイリングやヘアアレンジが簡単に決まります。髪の「すっぴん美人」、それが艶髪と考えてください。

自分の髪が艶髪かどうか、簡単に確かめる方法があります。

1つは、抜け毛を使って確かめる方法です。抜けた髪1本を、両手でつまんで左右にギュッと引っ張ります。すぐにプチッと切れてしまったら艶髪度は低いと言えるでしょう。

もう1つは、髪が濡れているときに行います。10本くらいの髪を手に取り、人さし指にグルグルと巻きつけて10秒。パッと離したとき、するりともとの状態に戻るかどうか。指に巻きついたままだったり、からまってしまったりしたら、艶髪度は低いと言えます。

あなたの髪の状態はどうだったでしょうか？　この2つのテストで艶髪度が高いとわかった方は、かなり健康で強い髪と言えます。艶を失わないよう、ベーシックなお手入れを続けていっていただければと思います。

そして艶髪度が低いとわかった方。**今日、これからが変わるチャンスです**。正しいお手入れを続ければ、必ず髪は応えてくれます。

素敵と思わせるためには2つのポイントを押さえる

髪に手をかけよう、お手入れをきちんとしよう、ということをお話しすると、必ずこんな声が聞かれます。

「お手入れするって、お金がかかるんでしょう」

「とても髪に手間をかけている時間なんてないわ」

ごもっともな意見です。日本の女性たちはとにかく忙しい。子育てしたり、家事をしたり、仕事をしたり、介護をしたり……。そんなに一人で頑張らなくてもいいじゃない、と声をかけてあげたくなるくらいです。

でも**お金や時間をかけて行うことだけがお手入れではありません**。むしろ、それは特殊な例。ヘッドスパでトリートメントやマッサージを受けるまえに、お金も時間もかけずにやれることが、まだまだたくさんあります。

たとえば、なんだか素敵だな、と思う大人の女性は、たいてい髪がきれいで、ヘアスタイルもおしゃれにまとめていますよね。彼女たちに共通している、髪が素敵だと思わせる特徴はなんだと思いますか？　最低限、これだけは絶対押さえたほうがいいというポイントを上げるとすれば、この2つです。

●艶があること

●トップにボリュームがあること

ところがこの2つは、残念ながら年齢を重ねれば重ねるほど、放っておけば失われていく特徴です。

逆にいえば、**この特徴を押さえることさえできれば、若々しく、おしゃれな印象をつくれる**ということ。

艶髪、すなわち「すっぴん美人髪」とは、水分量がたっぷりでハリがあるヘルシーな状態。そういう髪さえ手に入れれば、トップをふんわり立ち上げて、手ぐしでまとめるだけで雰囲気あるスタイルがつくれます。それはつまり、ヘアメイクの時間も短縮できるということです。

大人の「品」や「美しさ」は心に余裕が持てるからこそ生まれるものだと思います。艶髪になることで、大人の「素敵」を手に入れていきましょう。

対症療法だけでは美しい髪は保てない

現代人は、本当の意味での「ヘアケア」をしていないと私は思っています。なぜかといえば、**私たちにとって、髪はファッション**だから。好きな色にカラーリングしたり、パーマをかけたり。ヘアスタイルは自分をどう見せたいかという自己表現。だから服と同じで、どんな色にするか、どんな形にするかにばかり目がいっています。

そして髪が傷んできたら、慌ててトリートメントする。**現代人がやっているヘアケアは、何かトラブルがあったら対処するという、対症療法と同じです。**

若いうちはそれでも十分です。ダメージが出たらケアすればいい。またカラーリングもパーマもかけられます。そうやって過ごしてきて、ふとアラフォー世代になったとき、突然気がつくのです。――何か違う！　と。

髪質は、あるとき一気に変わってしまうことが多いのです。ふと気づいたときには白髪が増えている、髪が細くなってうねってくる、地肌が透けて見えるほど薄くなっている……。こうした髪の変化は突然です。

でもこうなってしまったときに、**「どうしていいかわからない」というのが何よりも問題**。加齢による髪のトラブルが出てきたら、これまでと同じケアだけでは対応しきれないのに、ヘアケアのやり方は変えていないという人がほとんどではないでしょうか。

それどころか、**髪の悩みをカラーリングやパーマでごまかそうとして、さらにトラブルを広げてしまうことも**。それでは本末転倒です。

髪がからまってきたからとかす、汚れたから洗う、傷んだからトリートメントをつける、白髪が出てきたから染める。そんな対症療法は、もうやめにしましょう。

自信を与えてくれるのは、常に髪だという事実

私は仕事でもよく海外に行く機会があるのですが、そのたびに、いくつになっても肌のキメが細かい日本女性は、心から美しいなと感じます。ところが日本の女性たちは、**ある一定の年齢を超えると、自ら艶を手放してしまう傾向がある**ようにも思うのです。

私のセミナーやカウンセリングにみえる女性たちは、40〜50代の方が多いのですが、髪にトラブルを抱えていることで、自信を失ってしまったんだな、と思わせる発言がよく聞かれます。

「もう年だから仕方ないとは思うんですが……」

「子持ちだから、ヘアケアを頑張るのもおかしな話なんですけど……」

「恥ずかしいから髪は見ないでほしいです……」

髪が全体の印象に与える影響はとても大きいとお話ししてきましたが、**実は「気持ち」に与える影響も非常に大きい**のです。

髪にトラブルを抱えている方というのは、突然のことにとまどい、自分でも現実が受け入れられず、精神的に追い詰められてしまうことすらあります。髪に自信がないから、人に見られたくない、出かけるのがこわい、そんなふうに思ってしまうのです。

ある程度年齢を重ねたら、**髪に変化が出てくるのは当たり前です**。周りを見渡しても、髪で悩んでいない人はいないないいんじゃないか、というくらいです。

でもだからこそ、**自信を取りもどしてくれるのもやっぱり髪**なのです。ある60代の女性は、私の美髪指導によって髪の艶を取りもどし、それ以来出かけるのが楽しくなったとおっしゃいます。

髪は気持ちもつくっていきます。トラブルが多ければ、沈んだ気持ちに。誰が見てもきれいな髪になれば、自然と浮き立つような、イキイキとした気持ちに。大人の美しさ、豊かさが、艶髪によって出来上がるというのは、そういう意味も込めています。

傷んでいると感じたら迷わずショートにしてみる

女性は40代を過ぎると、髪を短くする人がぐんと増えます。そのきっかけは、やはりうねりが出てきた、ボリュームが出にくくなったなど、髪質がロングに耐えられないと感じるようになったから、という人が多いのではないでしょうか。私はそれはある意味、理にかなったことだと思っています。**髪を短くすれば軽い、洗うのも乾かすのも早いなど、メリットがたくさんあります。**

子育てや仕事で忙しくしている女性にとって、手入れが楽になるのは素晴らしいこと。髪を切ったことで気分も変わり、ワクワクする気持ちも出てきます。また、ショートは形をキープするのが難しいので、しょっちゅう美容院に行くことになり、それもきれいにつながります。

そもそも髪は「死んだ細胞」ですから、一度傷んでしまうと、修復することがありません。**枝毛になる、パサつくなど傷んでしまった髪は、さっさと切ってしまうのが艶髪への近道**です。

ただ、同じ短くするにしてもやめておいたほうがいいと思う髪型が2つあります。

1つはベリーショート。もちろん素敵にしていらっしゃる年配の女性などよく見かけますが、かなり個性的なので、一般的にサマになるように見せるのは至難の業です。

もう1つはショートで根元にパーマをかけてボリュームを出すこと。もともとボリュームが出なくなったことが髪を切るきっかけですから、簡単に根元を立ち上げるためにパーマをかけたくなるのは理解できます。でもショートだと根元のほうにパーマ液をかけることになり、頭皮についてしまう可能性も。刺激のあるパーマ液は頭皮のダメージにつながってしまいます。また、**根元を立ち上げてしまうと光が入りやすくなり、余計に薄く見えるということもあるので注意が必要**なのです。

短くするにしても、ショートボブや、ゆったり耳が隠れる程度の長さがあったほうがアレンジもききやすくオススメです。

それでもロングに挑戦するメリットはある

髪が傷んでいるなら切ったほうがいいとお伝えしましたが、かといってロングにするのを完全に諦めてしまうことはありません。

実は**ロングのほうが、多少トラブルがあってもごまかしがききやすい**というメリットがあるのです。

ある程度の年齢になってからショートにした方は、ほんの少しの白髪でも目立つような気がして、頻繁にカラーリングに行っているとおっしゃっていました。**短い髪はごまかしがきかない**のです。まだ少ししか白髪がない場合は、ロングのほうが他の髪にまぎれ込ませて目立たなくすることが可能です。

また、**肩くらいまでの長さがあれば、結んだりまとめたり、アレンジがしやすく、**

華やかに見せることもできます。ボリュームが出にくいというのは、みなさんがおっしゃっていることですが、逆に**ボリュームが出るようなテクニックを身につければいい**のです。

問題は、いかに傷ませずに伸ばしていくかということ。ロングにしたいなら、**ダメージを蓄積させないように日々のヘアケアが必要**になってきます。

今現在、傷んでしまっているのなら一度短く切ってしまい、改めてヘアケアをきちんと続けながら伸ばしていく。そんなことにもぜひ挑戦してみてほしいと思います。

何歳からでも髪は蘇る
諦めたらそこで美髪は終了です

私は20代の頃、厳しい労働環境とストレスで、髪がボロボロになってしまった経験があります。当時は抜け毛もひどくて、このまま薄毛になってしまうのかしら……と本気で悩みました。当時は若かったので、生活習慣を立て直すことで快方に向かいましたが、それによってわかったことがあります。

髪の状態を悪くするのは、年齢だけではないということ。**たとえ若くても、艶髪をなくしてしまうことは割と簡単に起こり得るし、年齢を重ねていっても、状態をよくする方法はいくらでもあるのです。**

実際、正しいケアを行うようになり、40代になった今、髪質はこれまでで一番いいと感じています。私だけではありません。80代の方たちの美髪ケアを行ったことがあるのですが、私の指導どおりにきちんとケアをしていただいた結果、白髪だったところから新たに黒い髪が生えてきたという現象を目の当たりにしました。

これから生えてくる髪は、心がけ次第でいくらでも変えられます。何歳になっても、諦める必要はないのです。

たかが髪、されど髪。豊かに、そして美しくなれば見た目も変わりますし、落ち込みがちだった気持ちだってぐんと明るくなります。きちんとケアすれば、何歳でも白髪が減ったりボリュームアップしたりといった嬉しい変化が起こってきます。そして、「頑張ったらきれいになれた」という自信が、さらにその人を輝かせてくれます。

本書では、**「今ある髪」を最大限利用して艶髪をつくるための方法**を2章と3章で、4章以降は**「これから生えてくる髪」を育てていく方法**をお伝えしていきます。

まずは、日々の生活で簡単に取り入れられることから、始めてみてください。

column

1

抜け毛が多い⁉　そんなときは枕の上をチェックしよう

「シャンプーのとき、すごく髪が抜けるんです。このままだと薄毛になるんじゃないかと心配で……」

こんな悩みをよく聞きます。とくにロングの方は排水溝にたまった髪の量を見てぞっとするとか。でもシャンプーで髪が抜けるのは当たり前のこと。それだけで薄毛になるとはいえません。

抜け毛が気になるなら、起きてすぐに枕の上をチェックしましょう。

寝ている間は髪に刺激を与えていませんから、そういう状態でどれだけ髪が抜けたのかを確認するのです。

数本の髪の毛が落ちている程度なら、それほど心配することはありません。ただし、自分の現在の髪より短い髪が何本も落ちていたら要注意。生えてきたばかりの髪が抜けているということですから、毛根が弱っているという可能性があります。

髪の状態は、こんなふうにちょっとしたことで日々チェックすることを習慣にしましょう。

第2章

chapter.2

ヘアケアの基本は
ブラッシングにあり

世界共通の美意識 美しい髪には艶がある

古くから、女性の髪をほめるときは「みどりの黒髪」とたとえることがあります。これは色のことを言っているわけではなく、イキイキと艶めく黒髪の様子を表しています。英語では美しい髪のことを「シルキーヘア」と表現することが多く、絹のように艶やかな髪を表します。**国が違ってもやはり艶は、大人の女性をイキイキと若々しく見せるために欠かせない要素**だということがわかります。

今のように髪を毎日洗う習慣のなかった1970年代頃までは、朝晩ブラッシングをすることで、髪と頭皮のケアをしていました。しかしその後、「朝シャン」や「リンスインシャンプー」の大流行がきっかけで、**毎日手軽に髪を洗う習慣ができた半**

面、残念ながらブラッシングの習慣はすたれてしまいました。

忙しい朝はていねいに髪を洗えないので汚れがたまったままとなり、「茶髪」が流行るとダメージに拍車がかかり、「ソバージュ」ブームのときはカールがとれないようブラシを使わない女性がさらに増えてしまいました。現在もトレンドが続く「エアリーヘア」のふわりとしたフォルムを崩さないよう、ブラシを使わないという女性は多くいます。

サラブレッドの美しい毛並みを思い起こしてみましょう。ビロードのような毛艶は1日何回もブラッシングしているからで、その艶は品格や躍動感といった印象を与えます。現に、調子がよく勝負に勝ちそうだという判断材料にもなるようです。

髪の艶は本来どなたにも備わっているものです。小さい頃は天使の輪ができていましたよね？　たとえ今、髪がパサついていたり、カラーリングしていたり、白髪で艶が失われていたとしても、ブラッシングで艶を引き出すことはできるのです。

美しさへの第一歩
1日数回のブラッシング習慣を

ブラッシングは、艶髪のために最も手軽にでき、重視したいプロセスです。このことは、全女性にぜひ伝えたい！　と強く思っています。

本書をお読みの方の中には、しばらくブラシを使っていないという人や、ブラシすら持っていないという人もいらっしゃるかもしれません。持っていたとしても、スタイリングやまとめ髪のときしか登場しないという方も多いでしょう。

ブラッシングは、美しい艶髪を手に入れるために欠かせません。美顔器やドライヤーなどの美容家電が流行しているのと同様に、**電源を必要とせず気軽に心地よさと美しさをもたらすブラシは、新たな美容ツールとして注目されています。**さらに最近は、ヘアケアブランドやライフスタイルブランドがラインナップを増やしたり、新たなブラシを開発するなど、その重要性を説いています。

女性誌などでも、以前はヘアアレンジ企画はたくさんあるものの、ブラッシングをはじめとする髪や頭皮に関しての特集は、ヘアケアアイテムの発売が集中する秋に向けて年に1回だけということがほとんどでした。それがここ数年、季節を問わず1カ月に何度も雑誌やテレビで取り上げられるようになっています。それだけ髪や頭皮にトラブルを抱える女性が増えて、関心が高まっているということです。

私が本書を書くきっかけとなったのも、**「艶髪に大切なブラッシングを習慣化してほしい」**という思いから。ブラシをただの道具として終わらせず、1日最低2回のブラッシングを習慣にしてほしい。メイクポーチに入れて外出先でもブラッシングしていただきたいと思っています。ぜひ自分に合った1本を見つけてください。

これはNG！３つのあるあるブラッシング習慣

ブラッシングは毎日取り入れてほしい習慣です。けれども、どんなに高級な美容液でも使う量が少量すぎたり、使い方を間違うと、その効果を最大限発揮できないように、**間違った方法でブラッシングをしてしまうと逆効果**になりかねません。

よく見られる**ＮＧの方法として、まずからまりを無理やりとるブラッシングが挙げられます**。髪の中央部分からブラシを入れて、力任せに無理やりひっぱりながらのブラッシングは、からまりがとれるどころか、逆に髪を迷路のようにからませ、綱引きのように強い力で負担をかけ、抜け毛や切れ毛を引き起こしてしまいます。

次にNGなことは、毛先だけをブラッシングして終わるパターン。毛先のキューティクルは整い、きれいにまとまりますが、**根元からブラシを通すほうが、艶のもととなる天然の皮脂を行き渡らせて、髪全体のキューティクルも整い艶が生まれます**。ヘアケアトリートメントをつけたかのような仕上がりになるため、ブラッシングを習慣化すると髪に何もつけなくても艶が戻ってきます。

最後に、**濡れた髪のままブラシを通すことも避けていただきたい習慣**です。というのも、濡れた髪はキューティクルが開いていて、外部からの刺激を受けやすい状態。一度はがれてなくなってしまったキューティクルは再生しません。切れ毛やパサつきを起こさないためにも、髪は乾かしてからブラシを通すこと。どうしてもブラッシングしたいときは、目の粗いコームでやさしく、が鉄則です。

汚れをとる、艶が出る、うるおう 15のいいことがブラッシングでかなう！

なぜヘアケアの中でもとくにブラッシングを重要視するのか？ それは、マルチな働きをする万能ツールだからです。化粧品で例えると、洗顔も、美容液も、マッサージ美顔器としても、仕上げのファンデーションの役割もこなす**オールインワンコスメ以上の働きもの。ブラシ1本でできることは、想像以上です。**

ブラッシングの効能を改めてまとめると、次のようになります。

① 毛穴につまった皮脂を浮かす

②頭皮の古い角質を浮かせ、汚れを落とす
③髪のほこりや花粉をはらう
④髪のキューティクルを整え艶を出す
⑤髪の毛のからまりをとる
⑥頭皮のコリをほぐしてマッサージ
⑦頭皮のかゆみを抑える
⑧毛穴の皮脂をトリートメント剤に変える
⑨頭皮をリフトアップして小顔効果
⑩毛穴のゆがみを矯正してうねり毛防止
⑪栄養を行き渡らせて白髪を防止
⑫血行促進して抜け毛を防止
⑬キューティクルを閉じてカラーをキープ
⑭貧相な髪のボリュームアップ効果
⑮広がる毛のボリュームダウン効果

How to

汚れを落とすシャンプー前の夜ブラ

夜と朝ではブラッシングの目的が異なります。夜ブラッシングはおもに、汚れを浮かしてシャンプーやお湯をなじみやすくするためのものです。するとしないでは雲泥の差！　使うのは**ブラシの先端に丸いボールがついているもの。地肌を傷つけずに毛穴につまった余分な皮脂も**除去できます。力を入れすぎず、やさしくていねいにブラッシングしてください。

Night Hair Brushing 1

毛先からとかしほこりをとる

髪には目に見えないほこりが大量に付着しているもの。ほこりは顕微鏡で見るとギザギザと突起しているため、無理やりとかすと切れ毛の原因に。毛先からやさしくとかす。

Night
Hair Brushing
2

頭の上半分を地肌からかきあげる

頭部を上下半分に分け、まずは上半分から。生え際から頭頂部に集めるように地肌にブラシをあててブラッシング。頭皮をマッサージする要領で心地よい力加減で行う。

Night
Hair Brushing
3

後頭部は下から上に

下半分は下から上に向かって行う。地肌にブラシをあて、生え際から後頭部に向かって、毛穴の汚れをやさしく浮かせる。

How to

表面を整えて艶を出す朝ブラ

朝のブラッシングをしっかり行うと、**スタイリング剤を使わなくても美しい自然な艶が生まれ、まとまりもよくなります**ので、ぜひお試しを。

使うブラシの種類は、天然毛がオススメ。天然毛はプラスチックに比べて静電気が起こりにくく、開いていたキューティクルが閉じて一定方向に整い、しっとりと髪本来の艶が生まれます。毛流れに沿って行うのがポイント。

Morning Hair Brushing — 1

睡眠時にからんだ毛先をほぐす

毛先が寝ている間の摩擦でからんでいたら、毛先からほぐす。ブラシを持たない手のひらで支えて、天然毛のブラシでブラッシング。スムーズにブラシが通るようになればOK。

Morning Hair Brushing 2

地肌に沿って艶をアップ

地肌からブラシを入れることで、天然の皮脂が髪全体に行き渡り自然な艶に。頭皮の血行をよくしておけば顔色もパッと明るくなるため、頭皮に沿わすようにブラシをあてていく。

Morning Hair Brushing 3

仕上げは上から下へキューティクルを整える

開きっぱなしだったりあちこちランダムに乱れたキューティクルをキュッと閉じるには、地肌から毛先へ向かって髪表面をなでるようにブラッシング。髪全体をとかせば美しい艶が。

How to

ボリュームアップするエアリーブラッシング

もともと猫っ毛の人も、年齢とともに立ち上がりが弱くなってきたエイジングヘアも、ブラッシングのコツさえおさえれば、ふんわり動きのあるエアリーなボリュームヘアに仕上がります。

大切なことは、**髪と髪の間、頭皮と髪の間に空気を含ませること**。そのために最適なのは、通称ガイコツブラシと呼ばれるような目の粗いもの。持っていない場合はお持ちのブラシでOK。

Volume up Hair Brushing

1

下から空気を含ませるように

ボリュームのない髪は根元がぺたんと押しつぶされている状態。目の粗いブラシでかきあげるように下からすくっていくと、空気がすき間に入りふんわりとやわらかいボリュームが出る。

Volume up
Hair Brushing 2

いつもの分け目と反対側からとかす

いつも同じ分け目だと毛穴に立ち上がりのクセがついてペタンコになりがち。いつもの分け目と反対側からブラシを入れると簡単にふんわりボリュームアップ。これだけで若々しく見える。

Volume up
Hair Brushing 3

下を向いて後頭部を立ち上げる

日本人は後頭部が薄く絶壁に見えてしまいがちなので、下を向いて襟足から頭頂部に向かって大きくブラッシング。顔を正面に戻すとトップとサイドにふくらみが生まれ、リッチな印象に。

ブラシは運命の1本より誕生日ごとに新しい1本を

とあるセミナーでブラシの重要性を力説したところ、こんな質問をいただきました。

「女性誌でヘアスタイリストさんがオススメしていたのを見たんですが、何万円もするようなブラシを買ったら、よりきれいになれますか?」

この答えはある意味イエス、ある意味ノーです。確かに天然毛、とくに豚毛のブラシは素晴らしく、使用感も、とかしたあとの仕上がりも見事です。使っていると気分も上がります。でもパッと見で違いがわかるほどではありません。

私はそんなに気合を入れて**高価なブラシを買う必要はないと考えています。なぜなら、ブラシは消耗品だから。**

髪の毛は1日平均100本抜けると言われ、ブラッシングすると毛もからまるし、ほこりもたまります。毎日のお手入れで美しく保つことはできますが、一生ものではなく、誕生日ごとに新調して毎年新たな気持ちで、自分の髪と頭皮に向き合うのはいかがでしょうか？

朝と夜ではブラッシングの目的が異なるとお伝えしたとおり、**できればブラシは朝と夜で2タイプ持つ**ことをオススメします。

最近では、**朝夜兼用で使えるマルチユースのブラシ**も登場してきました。ラバークッションに、天然毛と先端がボールになったナイロン毛を一緒に植毛したタイプです。

＼オススメのブラシ／

⇩ 朝用

コシのある猪毛で乱れたキューティクルもきれいに整い艶髪へ。猪毛ヘアブラシ ¥4000／サンビー工業

⇩ 夜用

長短2層構造と376本の先丸ブラシで汚れをオフ。AGAIA ヘアグローブラシソフト ¥7000／バイオテック

⇩ 朝夜どちらでもOK ⇩

豚毛に含まれる水分と油分で艶髪に、ナイロン毛で頭皮を活性化。ラ・カスタ ヘッドスパブラシ ¥3000／アルペンローゼ

広い面に、ナイロン毛を獣毛が覆う植毛で地肌まで髪通りがいい。艶髪 パドルブラシ ¥1800／貝印

髪がからまるときはさらさらオイルでブラッシング

髪の毛が細い方やロングヘア、髪にダメージがある方は、朝起きたとき、鳥の巣のようにからまった髪に悩まされることも多いのではないでしょうか。

前のページでお伝えしたように、からまったまま無理やりブラッシングすると、切れ毛やパサつきの原因になってしまいます。毛先から順番にからまりをほぐしてから、**地肌からていねいにブラッシングすることでからまりはとれますが、もっとスピーディにさらさらにする方法があります。**

それは、**ブラッシングの前にオイルを少量仕込むこと。**オイルといってもリッチなものからさらりとしたものまで幅広いですが、このときは、さらさら系のオイルを使ってください。**揮発性があるシリコン配合のオイル**なら、髪表面にコーティングをすることで水分や油分をはじき、シルクのようなさらさらの手触りに仕上げてくれます。

こうしたオイルはベタつかないいため、子どもの細くからまりやすい髪にも効果的。外遊びが多い子どものやわらかく細い髪にダメージを与えずにブラッシングできるとともに、オイルのコーティングで紫外線や大気汚染から守ってくれます。

＼オススメのシリコンオイル／

さらりとなじんでふんわり仕上がる。毛先のダメージもしっかり修復。アサイー、モリンガ、アルガンなどを配合。ウカヘアオイル ウィンディーレディ 50mℓ ¥4000／ウカ

浸透性のいいオーガニックのアルガンオイルと亜麻仁油、椿油により硬毛も柔らかくなめらかに。オリオセタ オイルトリートメント ライフアンドピュア 30mℓ ¥1500／プロジエ

column

2

艶髪にとって大事なもの キューティクルの構造

本書に何度も出てくる「キューティクル」という言葉。CMなどでもよく耳にしますが、どんなものかはっきり認識している人は少ないと思います。

キューティクルは、髪の毛の表面にあって、お肌でいう皮脂膜のようなもの。髪の中の水分や栄養分が外に出ていかないよう、バリアの役割をしています。魚のうろこのように重なり合っている拡大写真を見たことがある方も多いでしょう。

このキューティクルは開いたり閉じたりする性質があり、開きっぱなしになっていると水分や栄養分が出ていってしまって髪がパサついてしまいます。逆に、閉じてうろこが一定方向に向いていると、髪の成分も保護され、見た目も艶が出てきます。

艶髪にするテクニックとは、キューティクルをいかにきれいに閉じて、髪を保護するか、ということを追求しているのです。

第3章

chapter.3

今すぐできる!
艶とボリュームアップをかなえるテクニック

確実に艶を出す5つの方法

この章でお伝えすることは、**「今ある髪」を最大限利用して、「艶」と「ボリューム」を出していくためのテクニック**です。

なぜ「今ある髪」と強調するかというと、今現在の髪にトラブルがある場合、本当の意味で健康な髪を取り戻すには、「これから生えてくる髪」こそが勝負になるからです。というのも、「今生えている髪」は死んだ細胞。一度傷んでしまったら、そこから修復することはできません。

とはいえ、「これから生えてくる髪」が伸びてくるのはまだまだ先のこと。目先の見た目を改善するには、「今ある髪」に頑張ってもらうしかありません。

では、どうすれば効果的に艶髪になれるのでしょうか。**艶は物理的につけたすだけでなく、本来備わっているはずなのに隠れている艶を引き出すことも大切**です。私が考える艶出しの方法は次の5つです。

- ☑ **1日数回のていねいなブラッシング**
- ☑ **レスキュー的なオイルパック**
- ☑ **ドライヤーを正しく使う**
- ☑ **ヘアアイロンを見直す**
- ☑ **スタイリング剤を的確に使う**

ブラッシングに関しては、前の章でご説明しました。他の方法も、すべて難しいことではありません。いつもしているお手入れを少し意識して変えるだけで、うもれていた艶がイキイキと輝き出し、ちょっとしたことでボリュームアップもできます。早速チャレンジしてみてください。

艶髪がよみがえるシャンプー前のオイルパック

日頃からインバスやアウトバスのトリートメントでケアしているのになかなか艶が出ない……と感じている方に最もオススメしたいのが、シャンプー前のオイルを使った集中パックです。

本当に困ったときはサロンでお手入れするという方も多いと思いますが、サロンでのケアは金銭的にも月に何度も行けるものではありません。家でできるオイルパックは、**1回数百円しかかからずに効果が出る**、レスキュー的なヘアケアです。肌にとってたまに行くエステより毎日のスキンケアが重要なように、髪にとっても家で簡単にできるヘアケアこそ効果的です。

なぜオイルを使うのかというと、艶のない髪の原因は油分不足による乾燥だから。湿度を保つには、水分よりも油分が必要なのです。

そもそも髪表面をうろこのように覆っているキ**ューティクルには油分が多く含まれます。**キューティクルが閉じて整列していると、光をまっすぐ取り込んで反射するため艶もきれい。でもキューティクルが開いてめくれると、光をバラバラに反射して艶が失われます。**キューティクルのめくれを防ぐためにも、接着剤の役割をする油分は欠かせません。**

オイルは、**髪と頭皮になじみがいい天然オイル１００％のものを使います。**椿オイル、ホホバオイル、オリーブオイルはおなじみ、アルガンオイルやアンズオイルなど選べる種類も増えてきました。

なお、「食用オイルでもいいですか？」という質問をよくされますが、私はオススメしません。なぜなら食用油は香りや味の特徴を残すため、精製の方法が異なっているのです。わざと不純物を残した精製のため、髪に使うとかゆみやニオイの原因になることも。髪または肌用のオイルは、腐敗しにくく、かゆみも出ないよう精製していますので、専用のものを使いましょう。

オイルパックするときは写真のような、１００円ショップなどで売っているドレッシング入れを活用するとうまく出しやすいと思います。**パックする時間は15分以上、何時間でも構いません。**私の場合は、家に帰ったらすぐにオイルパックをして、そのまま髪をまとめて夕飯づくりなど家事をします。お風呂に入るまでパックを続け、それから念入りにシャンプーで落として寝ると、次の日の朝にはきれいな艶が出ています。

シャンプーしてもオイルがとれにくい場合は、**先にコンディショナーをつけて油分を乳化させ、流してから改めてシャンプーします。**無理なくオイルを流すことができます。

その場しのぎの艶出しケアではなく**髪の内側からにじみ出るような本来の艶を育てるために、オイルパックは有効です。**パサつきがひどいと思ったときは、納得のいく保湿力が出るまで、２〜３日続けてやってみてください。

How to

Technique
Oil Pack
1

乾いた状態で頭皮からなじませる

オイルは水をはじくため、なじみのよいシャンプー前の乾いた頭皮に塗布すること。分け目を各所でしっかりとつくり、まずは頭皮全体にオイルをなじませて髪にも浸透させていく。

Technique
Oil Pack
2

毛先までていねいにまんべんなく

髪は片方の手で支えながら、毛先までオイルを塗布していく。内側から艶がにじみ出るように髪の内部までうるおいを届けるのが目的。手でもみ込んで15分以上おいたらシャンプーを。

ドライヤーのかけ方次第で艶とボリュームが格段に変わる

乾かすだけがドライヤーの役割ではありません。かける方向を意識するだけで、艶とボリュームが生まれるため、ぜひ今日から、**正しいドライヤーのかけ方をマスターしましょう**。

そもそもの話ですが、これだけ「髪を洗ったらすぐにドライヤーすべき」という情報が流れているにもかかわらず、カウンセリングなどでお話をうかがうと、いまだに「すぐドライヤー」を実践していない方も一定数いらっしゃいます。子育て中など、自分に手をかけていられない状況の方は多いと思いますが、それでもあえて言いたいです。**「ドライヤーはバスルームからあがったらすぐ」、これが鉄則です**。

髪は濡れた状態のとき、キューティクルが開いています。そのまま放置すると水分や栄養が抜け出し、パサついてうねりも強くなり、寝癖もつきやすくなり、翌朝のスタイリングにも影響してきます。さらに**濡れたまま時間がたつと雑菌が増えやすくなり、白髪や抜け毛の原因にもなる**と考えられています。

ドライヤーで髪を乾かすプロセスで、**内側にきちんと空気をあてて根元を立ち上げ、キューティクルが一定方向に整うように導きましょう。さらに仕上げるとき冷風を使えば、キューティクルがキュッと閉じて、艶が出てきます。**

ちなみに、髪をセットするのも、シャンプー後に乾かすときが一番やりやすいもの。なぜなら髪は乾くときに形状記憶するからです。前の日にサロンできちんとブローしてもらい、そのまま寝たら、翌朝も髪型が決まっていたという経験はありませんか? たとえば洗濯物も、干すときにしっかりシワをのばせばきれいに乾きますが、しわくちゃなまま干したら悲惨なことになりますよね。髪も同じで、濡れているときにいかにきれいに乾かすかが、仕上がりの違いを出していきます。

How to

今日からできるドライヤーのかけ方

ドライヤーは美容家電の中でも進化が著しいアイテムです。ボリュームアップ、ボリュームダウンに適したもの、しっとりまとまる、艶が出やすい、速乾性をうたうものなどさまざまなタイプが発売されています。

どのタイプを選ぶかは好みや目的によって異なりますが、ドライヤーのかけ方は共通です。誰でも簡単に、今すぐマスターできる方法をご紹介します。

Hairdryer for "Tsuyagami"

1 地肌に向かって90度に風をあてる

指で地肌から髪をすくうようにして、20㎝くらい離れたところからドライヤーの風を地肌に直角にあてる。うねり毛やクセ毛の原因となる毛穴のゆがみを矯正し、根元から髪が立ち上がる。

Hairdryer for "Tsuyagami" 2

熊手ブラッシングでひっぱりながら

指を熊手のようにして、髪を上から下に向かって軽くテンションをかけながらのばす。キューティクルが同じ方向に整うように意識して。このときブラシを使えば好きな形にブローできる。

Hairdryer for "Tsuyagami" 3

手のひらでスライド光を反射する髪に

仕上げは手のひらで表面をコーティングするように、上から下へ向かって冷風をあてる。キューティクルがピタッときれいに整って、艶やかに。するとしないでは雲泥の差。

速く乾いて、うるおいや艶を出す。ヘアードライヤー ナノケア EH-NA99　オープン価格／パナソニック

ヘアアイロンを使ったほうがいいこれだけの理由

今でこそ、20代くらいの方は日常的にヘアアイロンを使っている方も多いですが、40〜50代ではまだまだ使っている方が少ないという印象があります。私たちが20代の頃、ヘアアイロンはそれほどメジャーな存在ではありませんでしたから、なかなか取り入れにくいアイテムでもあります。

何より忙しい朝の時間に、じっくりアイロンで形をつくって、ゆるやかな巻き髪に仕上げるというのは、相当美容意識の高い方でないとハードルが高いことも事実です。

それでもあえて積極的にオススメしたいと思うのは、**アイロンがてっとり早く艶髪をつくれて、スタイリングもできてしまう最強のアイテム**だから。

髪が細くなった、根元がペタッとして立ち上がらない、分け目が目立ってきた、などの年齢髪の悩みは、実はアイロンのスタイリング力でだいぶカバーできるのです。

アイロンで髪が傷むと誤解されている方も多いのですが、それは高温で長い時間同じ場所にあてているなど、使い方を間違っているケース。むしろ、**アイロンの熱によってキューティクルを整え閉じる作用があり、スタイリング剤を使わなくても、光をきれいに反射する艶を生み出すことができます。**

手間いらずでスタイリングもしなくて済むという理由でパーマをかけている方も多いですが、度重なるパーマは髪を傷めることにもつながります。艶を出して、なおかつ好みのフォルムを自分でつくりだせるという点において、私は断然、パーマよりアイロンをオススメしています。

How to

アイロンは温度とあてる場所が夜まで艶を保つコツ

アイロンの熱によってキューティクルを引き締め、艶を出すために、肝心なのは温度と場所です。**150℃までの温度で同じ場所は3秒まで**、が艶髪の絶対的なルール。毛先から巻かずに髪の中心部分から巻くと、傷みやすい毛先を避けてナチュラルで抜け感のあるウエーブをつくることができます。

Hairiron Technique 1

巻き始めは髪の中央部分から

毛先はただでさえダメージの大きい部分なので、巻き始めは髪の中ほどからスタート。温度は、スピーディにカールを形状記憶しつつ髪への負担が少ない150℃に設定。

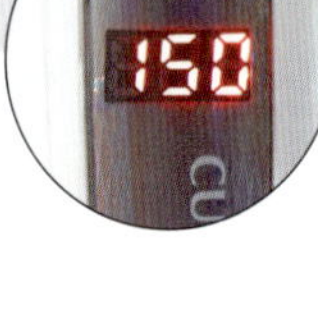

Point!

温度は150℃以下で！

Hairiron Technique 2

毛を巻き込んで下にスライド

中央部分から前後の毛を巻きつける。はさんだまま毛先に向かってするするとスライドするようにゆっくり下ろす。同じ場所にあたっているのが3秒以内になることがポイント。

＼ これはNG! ／

右の写真のように毛先から巻き込んでいくと、左の写真のように中央部分まで巻き終えた頃には3秒以上時間がたち、髪を構成するタンパク質が変形するなどダメージをもたらす。

スタイリング剤は形状の個性を知った上で選ぶ

ヘアスタイリングやアレンジの際に欠かせないスタイリング剤は、最近は同時にトリートメントできるようなタイプも増え、**大人の艶髪にとっては味方にすれば心強いアイテム**ですが、意外に苦手だと思っている方も多いようです。

これまでセミナーなどで接してきた多くの女性も、「使いこなせない」と苦手意識を持っていたり、「ダメージを与えるのでは？」といった先入観があったり、間違った選び方や使い方で「ベタつく」と敬遠するなどの理由で、スタイリング剤を使用しない人が多かったように思います。

けれども、**髪は肌と同じく、年齢とともに老化します**。これまでなかったうねりや乾燥に悩み始めた人もいるかもしれません。髪の質感や仕上がりで悩み、諦めているのなら、年々使用感も仕上がりも進化しているスタイリング剤をぜひ活用してみてください。

最近は、肌でいうメイクアップベースになるようなものが増えていて、ブロー前に使うと立ち上がりがよくなったり、スタイリングが楽になったりする便利なアイテムもあります。オイル1つとってみても、昔は重くベタつく印象もあった椿オイルでさえ、精製技術の向上によりさらさらしている、といったように質感も好みに合わせて選べます。

スタイリング剤を見極めるポイントは、形状の異なるそれぞれのスタイリング剤の特徴や使用感、どんな仕上がりに適しているかを知ること。ミルクにオイル、クリームにスプレー、最近はパウダーも新カテゴリーとして登場し、さらに髪質に合わせてタイプ別にラインナップしています。

次ページから形状別に特徴や使い方を紹介しますので、自分にぴったりの1本をぜひ見つけてください。

How to

ミルクタイプ

ミルクの最大の特徴は、**水分と油分のバランスが人間の肌に一番近い**こと。そのため、なじみのよさは抜群です。やわらかなテクスチャーで、髪表面にも内部にも軽やかに浸透していきます。使うタイミングでオススメなのは、**お風呂上がりの濡れた状態**。ダメージケア成分がより髪内部に浸透しやすくなり、翌朝もまとまりがよくなります。

髪の間を両手の指でスライドさせるように上から下へ向かってのばす。こうすると全体に均一にのばすことができる。お風呂上がりの濡れた髪につけると浸透が高まる。

オススメ

植物由来のヒートリペア成分で、ノンシリコンでもさらさら艶髪に。ドライヤーやアイロンの熱から髪を守る。uruotte リペアミルク 100㎖ ¥3500／クィーン

濃厚プロビタミン配合で髪の分子レベルで浸透。エクストラダメージケア インテンシブヴィタミルク 毛先まで傷んだ髪用 100㎖ ¥838（編集部調べ）／P&G

How to

オイルタイプ

オイルは種類や精製の仕方によって、重たさや髪へのなじみ具合が変わってきます。

細く猫毛なら軽いタイプ、ゴワついて広がる髪は少し重ためで落ち着かせるタイプを。シリコンは人工オイルの一種で、さまざまなテクスチャーとなりうる優れた特徴があります。ベタつかないのに艶や保湿力が高いオイルは1本持っていると便利です。

まず1～2滴を手のひらに広げてこすり合わせ、指の間までなじませる。手のひらと指の間まで均一にのばしたら、毛先にもみこみ、残りを表面になでるようにつける。

オススメ

艶と柔軟性を与えなめらかな指通り。ベタつかず紫外線ダメージや湿気から髪を守る。ナッシアルガン　ヘアオイル100 100㎖ ¥4600／コンフォートジャパン

自然由来100％で髪だけでなくボディや爪にも。女性らしく癒やされる香り。ルベル モイ オイル　レディ アブソリュート 50㎖ ¥2600／タカラベルモント

How to

クリームタイプ

クリームはミルクより油分が多く、**しっとり重くリッチ感があり、そういう仕上がりを求める人やかための髪で広がりを抑えたい人**に、部分使いがオススメ。仕上がりはソフトなホールド力がありつつジェルやワックスに比べて固まらず、しなやかに流れるヘアスタイルをつくるため、**くせ毛のようなニュアンスヘアがかないます**。濡れた髪につけるとケア効果を、乾いた髪に使うとスタイリング効果を発揮。

指先でこすり合わせて、人肌くらいにやわらかくなったところで、生え際などの立ち上げたい、もしくは広がりを抑えたいパーツを束でつまんでなじませる。乾燥する毛先にも。

オススメ

重ねてもベタつかない質感のスキンケア発想のヘアクリーム。プレイリスト　クイックミュートクリーム 28g¥2000(編集部調べ)／資生堂インターナショナル

ワックスのようなホールド力があり、立ち上げやニュアンス作りも自在。手ぐしでリセットが可能。ヘアケア＆スタイリングクリーム 40g ¥3000／THREE

How to

スプレータイプ

スプレーにはセット力のあるタイプと、艶出し用のもの、両方が備わったものがあります。霧のように細かいミストが髪表面に付着するので、**一番軽やかな仕上がりになるのが特徴**です。スプレーは苦手という方は、髪との距離を点検して。一点に集中してつくと重力がかかりシルエットが崩れてしまうため、髪から**20㎝以上離すことが大切**。均一につけることができれば、理想のヘアスタイルが続きます。

セットしたスタイルをそのままキープして、髪全体に均一に艶をまといたいときは、なるべく遠くから“の の字”を描くように大きくスプレーするのがポイント。

オススメ

椿油100％のスプレーは、紫外線UVB波のダメージから髪を守りながら艶髪に。静電気やからまり防止にも使える。大島椿 ヘアスプレー 140g ￥1200／大島椿

細く弱くなった髪をふっくらと仕上げる。根元を起こしてスプレーすれば立ち上がりも満足。セグレタ ふっくら仕上がるスプレー 125g ￥800（編集部調べ）／花王

How to

パウダータイプ

新感覚のスタイリング剤として注目されているのがパウダータイプ。**毛の一本一本をコーティングして根元から立ち上げる作用があり**、空気のように軽いテクスチャーが特徴。ワックスだと水分を吸着して重くなることもあるのですが、パウダーだと**雨の日や湿気の多い日などでもボリュームダウンせず、夜までさらさらが続きます**。ベタつきを瞬時にさらさらにしてくれるので、髪を洗えないときにも重宝します。

ベタつきや立ち上がりの弱いトップやつむじのあたりの地肌に、直接パウダーをふりかけたりポンポンとなじませる。そのあと手でなじませると根元がぐいっと立ち上がる。

オススメ

右）皮脂のベタつきやニオイを吸着し、根元から立ち上げさらふわ髪になるスポンジ型透明パウダー。セラミド配合で艶と保湿も。フジコ ポンポンパウダー 8.5g ¥1650／フジコ
左）マットでドライに仕上がるパウダーワックス。オイルフリー。シュワルツコフ プロフェッショナル オージス ダストイット 10g ¥1500／ヘンケルジャパン

手をかけているように見せるには3つのポイントを押さえればいい

ここまで「今ある髪」を艶髪にするためのテクニックを解説してきました。これまでのことを実践してきたら、艶もボリュームも戻ってきたのではないでしょうか。

これからお伝えするのは、スタイリングをする際のちょっとした「気をつけるべき」ポイントです。これさえ気をつけておけば、髪に気を使っているな、という印象を出すことができます。ポイントは3つです。

①トップにふくらみをつくる

②顔まわりはゆるやかな曲線を

③分け目はセンターにせず左右どちらかに

写真ではわかりやすくロングで説明していますが、長さは関係なく、ロングでもショートでもこの3つはマストです。

もし今、きゅっとひっつめたまとめ髪ならトップを少し引き出してください。ストレートならゆる巻きにすると華やかにフェミニンな印象になります。

また、髪の分け目を左右どちらかにすると顔のゆがみや目の大きさの違いをカモフラージュできます。

トップの立ち上がりは悩みの種でもありますが、朝、起きたらマジックカーラーでトップの根元を立ち上げるように巻いてみてください。そのとき、巻く前にドライヤーをあてて髪を温めておくのがポイント。トップの髪を上に垂直に引き上げてから、毛先から巻いていきます。メイクする間、カーラーでくせづけしておけば、トップのふくらみを簡単につくることができます。

FRONT

トップにふくらみがあることで若々しさと躍動感が。分け目をセンターにすると左右大きさの異なるパーツを目立たせてしまうため、分け目を中央からはずして視線を拡散。

SIDE

トップにボリュームゾーンがあると、後頭部もふんわり軽やかに。ウエーブは耳横から始めて、年齢とともに痩せたりたるんでガタつくフェイスラインをカモフラージュ。

ボリュームアップして見せるには分け目がポイント

分け目をいつも同じ場所にしている人は要注意！　髪の立ち上がりが徐々に弱くなり、ペタッと貧弱にクセがつきやすくなります。

たとえば芝生に座るとき、いつも同じ位置に座ると芝生が折れ曲がり土が見えてきますよね？　これと同じことが自分の頭皮で起こっていると思ってください。芝生に座る位置をときどきずらせば、クセがつくことは避けられるし、ピンとのびた青々とした芝が広がります。

髪が長かったり、いつも結んでいる人も毛穴に常にテンションがかかっています。**ときには頭皮の毛穴を解放し、生えグセや分け目グセを定着させないようにしましょう。**ヘアサロンで髪を切るときは「分け目を変えてください」とオーダーするのもいいことです。

私たちが思う以上に、分け目には負担がかかっています。頭頂部は太陽に一番近く、紫外線を年中浴び続けているため乾燥などのダメージが進みやすいのです。分け目から白髪や抜け毛が目立つというのも、紫外線による老化現象の1つです。

もともと猫毛で、時間とともに、あるいは湿気によってボリュームダウンしてしまう方でも、トイレに行くタイミングなどで分け目を変えたり、ブラシで空気を含むことで、根元の立ち上がりに勢いがつくことがあります。

私自身、大切な打ち合わせ前や撮影前に、**たった3秒でボリュームを復活させるとっておきのテクニックが、分け目を変えること。**拍子抜けするほど簡単で恐縮ですが、これが効果絶大なんです。やり方は次のページで詳しくお伝えします。

How to

分け目アレンジの3秒テクニック

いつもと**分け目を変えると、手間はかかっていないのに、手をかけたような雰囲気に見せられます。**

分け目アレンジのポイントは、いつも分けているほうと逆にしてみること。立ち上がりに勢いがつき、ボリュームアップして見えます。地肌を見せないようにジグザグに分け目をつくると、黒々と増毛したようになり抜け毛や薄毛に悩んでいてもカバーできます。

\ 逆分け目 /

Parting arrange Technique

寝た子を起こすといい女風に見える

普段している分け目と反対側を分け目にしてみると、根元から元気のいい立ち上がりに驚くはず。カーブが大きいと華やかさと女らしさがアップ。気分を変えるという側面も。

＼ジグザグ分け目／

Parting arrange Technique 1

もしかして薄い？ と思ったときのテク

とくにロングの方に試してほしいテクニック。いつも同じ分け目だと負担がかかり、地肌も目立ってしまう。小指をコーム代わりにして、分け目を中心に左右から少しずつ髪をとる。

Parting arrange Technique 2

ジグザグで分け目を目立たなく

ジグザグに髪をとっていくと、分け目の地肌が目立たなくなり、毛が密集しているように見え、ボリュームアップ。もしかして薄毛では？と気になってきたときの対策にも。

完成

外出先でふんわり艶髪が復活！メイク直しならぬ「髪直し」を

朝せっかくセットしていても、夕方には髪が力なくペタンコになってしまった、という悲しい思いをしたことがある方も多いと思います。

ちょっとした湿気に反応して髪がうねってしまったり、紫外線やエアコンの風で水分が抜けたりと、**日常のいろいろなところに艶を失う原因が潜んでいます**。

メイクが崩れたらメイク直しをするように、髪にもぜひお直しの習慣をつけてください。乱れた髪を整えるような**「マイナスから0に戻す」方法ではなく、「マイナスからプラスに飛躍させる」飛び級効果がある**のが、ここで言う髪直しです。鏡に映った自分を見て、思わずおだやかに微笑んでしまうくらい。午後もご機嫌でいるために、簡単にできる髪直しの方法をご紹介します。

How to

「艶と山」がよみがえるつげ櫛は携帯オイル

日本人になじみのあるつげ櫛は、なんと縄文時代から使われていたそうです。**櫛を何度も椿油に漬け込んで浸透させているため、とかすほどに艶が行き渡る**のが特徴。目が細かくても髪にからまりにくく、根元から櫛を入れてもとてもスムーズ。

つげ櫛は最もかさばらないコンパクトで優雅なコームのため、バッグに入れて外出先で髪直しするのに最適です。

髪の流れとは逆につげ櫛を根元から通す。風が通り、湿気が逃げて、ふんわり感が復活。つげ櫛ははじめに椿油に漬け込んでから使うため、櫛に浸透したオイル効果で艶も出る。

＼オススメのつげ櫛／

祇園の老舗。上）本漆赤絵に本蒔絵の椿。ケース入り。つげ櫛 ¥4400 下）密度が高い高級品。さつまつげ櫛 ¥8000／かづら清老舗

How to

最も手軽な指サンドイッチ

急いで髪を整えなければいけなくなったのに、ブラシもコームも持っていない……そんなときは、緊急措置として手を使ってキューティクルを整えるやり方を覚えてください。

一番簡単なのは、**指で髪をはさんでのばし、キューティクルを一定方向に整えること**。そんな簡単なこと!? と驚かれるかもしれませんが、効果は一目瞭然。使わない手はありません。

チョキの指でスライドさせる

人さし指と中指２本でチョキにして、薄くとった髪をはさみ、上から下へ向かってのばすだけ。これだけで即席の艶が生まれる。

How to

浮き髪にはハンドクリームを

ぴょんと飛び出た浮き髪は、意外と目立つもの。この**浮き髪の正体は、1つは新しく生えてきた初々しい髪。もう1つはダメージを受けて切れてしまった髪**です。水で濡らすと乾いたとき余計に膨張して浮き上がるし、スタイリング剤も持ち合わせていない……。そんなときは**ハンドクリームで代用しましょう**。手につけて残った分をそっとなでるようにつけるとおさまります。

手のひらにのばして表面を軽くなでる

手のひらと指の間にハンドクリームを均一にのばしてから、浮き髪を面でおさえる。ハンドクリームで手をケアしたあとの残りで十分。

column

3

結ぶ最中と仕上げが肝心 ボリュームアップアレンジ

さっとひとつ結びしているだけなのに、おしゃれな印象を受ける人と、ただまとめただけと感じる人、どこがどう違うのでしょうか？　やはりP83で前述した“曲線”があるかないかに尽きます。トップに丸み、顔まわりの髪はカーブを描いていると見た目年齢はマイナス5歳。タイトにした直線的なアレンジは凛として素敵ですが、大人にはやや老けて見えてしまいます。アレンジにも“ゆるふわ”感はマスト。

ひとつ結びをするときは、マジックカールやアイロンで大きく巻いておくと、ランダムにまとめてもこなれた感じが出ます。左右どちらかに寄せて左右非対称にすると正面から見てもボリュームが出て華やかです。まとめたあとに、トップやサイドの髪を束でつまみだすのも、おしゃれに見せるテクニック。

ハーフアップはそれだけで顔がリフトアップしてフェイスラインが引き締まって見えます。ただし、きつく結びすぎると牽引性脱毛症（ポニーテール禿）ができる可能性があるので、力加減は注意しましょう。

郵便はがき

お手数ですが
切手を
お貼りください

150-8482

東京都渋谷区恵比寿4-4-9
えびす大黑ビル
ワニブックス 書籍編集部

お買い求めいただいた本のタイトル

本書をお買い上げいただきまして、誠にありがとうございます。
本アンケートにお答えいただけたら幸いです。
ご返信いただいた方の中から、
抽選で毎月5名様に図書カード(1000円分)をプレゼントします。

ご住所 〒

TEL(　　-　　-　　)

(ふりがな)
お名前

ご職業

年齢　　歳

性別　男・女

いただいたご感想を、新聞広告などに匿名で
使用してもよろしいですか?　(はい・いいえ)

※ご記入いただいた「個人情報」は、許可なく他の目的で使用することはありません
※いただいたご感想は、一部内容を改変させていただく可能性があります。

●この本をどこでお知りになりましたか?(複数回答可)

1. 書店で実物を見て　2. 知人にすすめられて
3. テレビで観た(番組名:　)
4. ラジオで聴いた(番組名:　)
5. 新聞・雑誌の書評や記事(紙・誌名:　)
6. インターネットで(具体的に:　)
7. 新聞広告(　新聞)　8. その他(　)

●購入された動機は何ですか?(複数回答可)

1. タイトルにひかれた　2. テーマに興味をもった
3. 装丁・デザインにひかれた　4. 広告や書評にひかれた
5. その他(　)

●この本で特に良かったページはありますか?

[　]

●最近気になる人や話題はありますか?

[　]

●この本についてのご意見・ご感想をお書きください。

[　]

以上となります。ご協力ありがとうございました。

第4章

chapter.4

髪質も見た目も
変えることができる
大人の頭皮ケア

頭皮ケアで髪の未来は変えられる

「何をやっても、髪がパサパサで」

「傷んでいるからもう手遅れなんでしょうか？」

セミナーなどでこんな質問をいただくと、私はよく**「髪は明日からでも変われます」**とお伝えしています。

なぜなら、**髪には一生を終える直前まで生え続けるパワーがある**からです。女性の髪の寿命は4年から6年。毎日50～100本ずつ抜けていくので、およそ10万本ある私たちの髪の毛は4～6年ですべて生え変わっている計算になります。

対して、すでに生えた髪は死んだ細胞とも言われます。髪は切っても痛いわけではないし、そもそも自己修復機能がないのでダメージを受けても修復しません。髪の毛は生えてきた状態から変化しないのです。だからこそ、**生えるときにベストな状態であることが大切で、そのためには頭皮ケアが欠かせません。**

これを畑にたとえてみると、本来畑は、肥料や水を与えて土を耕すことで肥沃な土壌になり、植物はイキイキと成長し、美しい花を咲かせます。けれども現代の多くの方のヘアケアは、肝心の土に栄養を与えないまま草木に手をかけている状況です。

畑である土台を作ること。それが頭皮ケアなのです。

頭皮さえ健康であればいくつになっても、たとえ今ある髪が過剰なパーマやカラーでボロボロだとしてもいつでもやり直しがききます。

髪は抜けたあとに生えるのではなく、髪の根元から毎日0．3㎜ずつ生えてきています。今日から頭皮ケアを始めれば、早い方なら明日は生える髪の毛から変わってきます。

過去の髪は変えられないけれど、未来は変えられるのです。

美しい頭皮かチェック！ポイントは色で見る

ご自分の頭皮の色がどんな色か、見たことはありますか？**頭皮の色によって、今どういう状況かを知る目安**になります。

たとえば頭皮の変化の要因として、パーマやカラーリング、一日中紫外線を浴びたあとなどが挙げられます。そうしたことで赤くなった頭皮はすでに炎症を起こし、悲鳴を上げている状態なのに、何もケアしていない方が大半を占めます。顔にそれだけ赤みがあればすぐにケアをするはず。けれども頭皮の赤みは放っておく方が多いのが現状です。頭皮だって肌の一部ですから、しっかり観察してみましょう。

健康な頭皮は水分をたっぷりたたえてみずみずしく、青白く透けた色をしています。けれど**血流が悪くて滞っている場合や、乾燥してかゆみや炎症が起きている場合**

には赤っぽくなります。また、こびりついた**皮脂が酸化すると黄色く見えたり、ときには茶色っぽく見える**ことも。しかも、肌と一緒で頭皮も年齢を重ねるにつれて乾燥しがちになります。毎日観察していると、疲れてくると頭皮が赤くなったり、むくみが生じてぶよぶよになったりと、**体の状態がてきめんに現れる**ことがわかります。

健康的な青白い頭皮であれば、生えてくる髪も艶やハリがあり健やか。頭皮はその人の生命力や若々しさの根源を担っています。美髪育成のためにも、今すぐ頭皮ケアを始めましょう。

髪をかき分けて、自身の頭皮の色をよく観察してみること。頭皮の色が悪い状態は、抜け毛や白髪、薄毛につながっていくことを認識して。

健康な頭皮かどうかは こめかみの動きで確かめる

「頭皮のやわらかさ」も、色に続いて健康かどうかを知る1つの判断材料です。今すぐできるチェック方法をご紹介します。それはこめかみと頭頂部をそれぞれ指で動かして、動き方が同じかどうかを比べること。これで頭皮のコリ具合が一目瞭然です。

そもそも頭皮には筋肉がありません。厳密にいうと頭皮の中でも頭頂部に位置する「帽子をかぶる部分＝帽状腱膜」に筋肉は存在しないのです。そのため、首や肩がこるとその部分の筋肉が萎縮して、頭皮も下にひっぱられ、かたくなっていくというメカニズムです。血流も滞りやすい場所のため、十分な血液が髪まで届かなくなって艶髪の育成を阻むことも。

早速チェックしてみましょう。

How to

Your Scalp Check! 1

両手をこめかみに置き上下に動かしてチェック

こめかみを上下に指の腹で動かしたときの感触と、その動き方が、あなたの皮膚の通常の可動域。この感覚を覚えておいて。

Your Scalp Check! 2

次に頭頂部の皮膚を上下に動かす

こめかみを動かした力加減で、次は頭頂部を同じように指の腹で動かす。こめかみと比べて、頭皮がかたくて動きが鈍いと、肩や首のコリによって頭皮もかたくなっている証拠。

ホルモンバランスにも関係 髪は人生の映し鏡です

肌のうるおいや透明感を保つために欠かせない女性ホルモンは、顔と一枚皮でつながっている頭皮と髪に密接に関係しています。一生にティースプーン1杯ほどしか分泌しないと言われている貴重な**女性ホルモンが減少すると、血液の循環や皮脂分泌がうまくいかなくなり、髪の一本一本が細くなってきます。**

対して、筋肉の発達や仕事へのやる気に関わる**男性ホルモンが増えると、脂っぽくなり、その皮脂が酸化すると髪は抜けやすくなり、男性型脱毛症を引き起こします。**

現代は忙しく働く女性がますます増え、10人に1人は戦闘モード、あごにひげが生えてきた……なんて、男性ホルモン優位に傾いた場合、生え際から後退したり、いわゆるバーコードヘアになる可能性も秘めています。

女性ホルモンと男性ホルモン、双方のホルモンがバランスよく分泌されて同居していることが、豊かな艶髪には大切です。髪は女性ホルモンに支配されているため、忙しすぎて心に余裕がないと感じたら、女性ホルモンの分泌をうながすために、リラックスしたりペットをかわいがったりしておだやかに過ごしてみましょう。

食生活やライフスタイルによっては、ホルモン変動の影響をさほど受けずに済むケースもあります。女性の人生には、ホルモンだけでなくさまざまな変化が訪れるもの。それをマイナスのものとして受け止めるのか、プラスへと転じさせるのかはその人次第。

髪は、その人の生活と気の持ちようを反映させる鏡でもあるのですから、なるべく心おだやかに過ごしたいですね。

顔の輪郭と血色まで変わる！そのために毛穴力を鍛えよう

頭皮ケアと声を大にして言っていますが、もっとフォーカスして言うと「頭皮の毛穴力を鍛える」のが目的です。毛穴の状態というのは、私がカウンセリングで女性の頭皮をマイクロスコープで見せていただくときに、最初にチェックするくらい重要なポイント。**毛穴力の備わった健やかな毛穴は、過剰な皮脂やつまりがなく、穴の大きさもほどよく、穴の周りの皮膚はぷっくりと起伏して弾力があり、穴の入口は自然なハリ感で引き締まっている**のが特徴です。

対して力のない毛穴は、周りの皮膚もフラットで毛穴がゆがんでいたり、小さくなっています。こうした毛穴は、この状態が続いていくと最後には穴が閉じてしまい、毛髪が生えてこなくなってしまいます。つまり、薄毛への道です。

そこまで深刻ではなかったとしても、毛穴が変形すると髪がうねり、立ち上がりも悪くなる、負のスパイラルを引き起こしてしまいます。**ハリや弾力が低下して、頭皮の毛穴が1㎜ゆるむと、顔は1㎝たるんでしまう**と言われていますから、これは大問題です。

では、毛穴力を鍛えるにはどうすればいいでしょうか？　絶対に譲れないのが、**シャンプーで皮脂をしっかりと取り去ること、そしてマッサージでふかふかの弾力ある頭皮を育むこと**です。毛穴に力があれば、頭皮エッセンスや育毛剤をつけたときも浸透しやすく、効果も早く実感できます。

毛穴力を鍛えると、頭皮の毛穴が引き締まり顔全体もリフトアップ。さらに頭皮がうるおいで満たされ透明感が増すと、顔色からもくすみが払拭され、自然な血色感をもたらします。

細くなった髪は頭皮ケアで元にもどせる

大人の女性につきものの「ハリやコシがなくなった」「髪の立ち上がりがつぶれるようになった」というお悩み。毛量の問題もありますが、「髪そのものが細くなってしまう」という変化も大きな要因です。実はこの**細い毛は、本来太くなるはずの毛が未熟なまま、成長しきれていない場合もあるのです。**

そういった**髪の変化を感じるときは、「ヘアサイクル」が変化している証拠。**「ヘアサイクル」は大きく3つの段階で成り立っています。ぐんぐん髪が伸びる「成長期」↓髪が伸びにくくなる「退行期」↓細胞分裂が止まり、抜けていく「休止期」というサイクルを繰り返しています。

髪の毛はあらかじめ、成長する時期と抜ける時期が決まっていて、4年から6年の年月をかけて太く成長していきます。細い未熟な毛は、本来なら4～6年かけて成長するはずのものが、ホルモンや血流、ストレスなどの理由でどんどん短くなり、寿命が1年、2年と早まってしまったものだと考えられます。結果、太い毛に成長する前に抜けてしまう運命をたどります。

成長期の髪に栄養を届けるには、頭皮をケアすることが先決です。頭皮を活性化させるようなケアを取り入れることで、細くなった毛を元に戻すことが十分可能なのです。私がセミナーなどでオススメしているのは、前の「毛穴力を鍛える」ページでも触れた、今すぐ簡単にできる頭皮マッサージや、正しいシャンプー。もっと早く結果を出したいなら頭皮用の美容液を取り入れるのもいいでしょう。

もともとの髪の太さを変えることはできませんが、**年齢を重ねて細くなってしまった髪は、回復させることが可能です。必要なのは「自分の手」と「ちょっとの努力」だけ**。それさえあれば、細毛は次第に回復するのですから。

自力で動かせない頭皮は手でマッサージしてめぐらせる

髪の美しさは頭皮の環境によって左右されます。そのため**「土台としての頭皮を活性化する」ことが大切**ということをお伝えしてきました。前述した「ヘアサイクル」の「成長期」に、なるべく悪影響を受けずにすくすくと成長し、太くしなやかな髪を育むために効果的なことが、「手」を使った頭皮マッサージです。

頭皮のマッサージというと大変そうに聞こえますが、ここでご紹介するのは1分で完了するごくシンプルなもの。**頭皮全体をむらなくマッサージする必要はありません。筋肉が存在せず頭皮を自力で動かせない帽状腱膜（帽子をかぶる部分）、つまり頭頂部の周りを中心にほぐしていくだけで絶大な効果が表れるからです。**筋肉運動による血流がない分、手という最高のツールでマッサージをして血行を促進することが、髪の生産工場である毛根に血液を送る、手軽で効果的な方法なのです。

髪は**漢方では「血余《けつよ》」と呼ばれ、その名のとおり、余った血液からつくられています。**生命維持のために脳と臓器を優先して消費され、次に骨を形成したり病気やウイルスに対抗するために、その次は視覚やホルモンバランスを整えるために使われ……最後に余ったものがようやく髪にまわってくるのです。なくても生命維持にはまったく問題ない髪には、なかなか栄養が届かないという仕組みです。

髪を構成する成分はすべて血液を通じて送り込まれます。滞りがちな血流をよくするマッサージというベースがなければ、ヘアケア剤の効き目は鈍ってしまいます。テレビを観ながら、スキンケアをしながら、パソコン作業の合間に……する場所も、時間も問いません。1日1分のマッサージで艶髪のベースである頭皮を育みましょう。

How to

1分でめぐりがよくなる 血流アップマッサージ

耳より上、帽子をかぶると隠れる部分は頭皮のすぐ下が帽状腱膜という筋膜で、そのすぐ下は頭蓋骨。**筋肉がないため頭皮を自分の意志で動かせません。ここを中心にマッサージを。**頭皮用美容液があればつけるとさらに効果的。ただし摩擦は髪や頭皮のダメージにもつながるため、指でこすらないように。**頭皮と指は密着させたまま、頭蓋骨から頭皮をずらすように行います。**

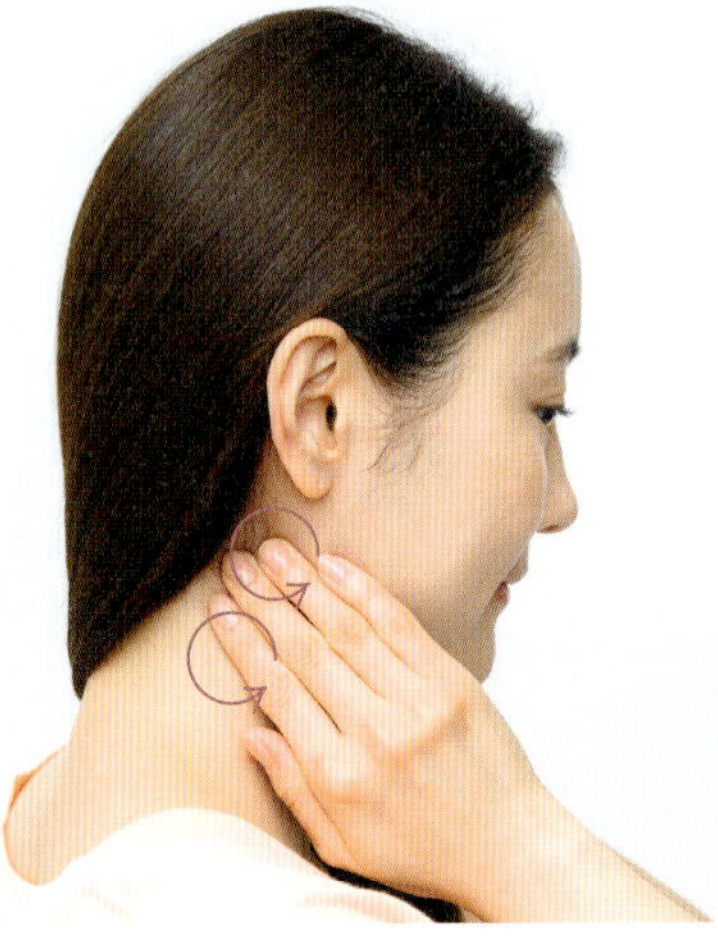

Scalp Massage 1

耳下腺にやさしく触れ 血液の通り道をオープン

首や肩のコリがあると頭皮もかたくなってしまうため、まずはコリをほぐすスイッチをONに。耳下腺を小さくのの字を描くように3秒。

Scalp Massage 2

こめかみから頭頂部をのの字でほぐしていく

こめかみと側頭部エリアは、目を酷使することによってカチカチになりやすい場所。指を広げて地肌にあて、こすらずにその場でのの字を描くように。

Scalp Massage 3

生え際から頭頂部へのの字で押し上げる

最後は頭頂部まで血液を引き上げるような要領で。小さくのの字にゆっくりと動かしていく。頭皮がやわらかく動くようになればOK。

シャンプーは頭皮マッサージを兼ねる

「毎日シャンプーをするのは洗いすぎですか？」

これは、セミナーのときなど必ず受ける定番の質問です。確かに、硬水で髪がゴワつきやすいヨーロッパなどでは毎日洗う人のほうが珍しいかもしれません。けれど、まず忘れてはいけないのは、シャンプーは汚れを落とすためだけに行うものではないということ。もともと「シャンプー」というのはヒンズー語で「マッサージ」という意味で、血行を促す効果がとても高いものなのです。**シャンプーを通じて毛根や頭皮に加わるいい刺激は、髪のエイジングが気になる世代にとって欠かせません。**

そしてもう1つ、食の変化も重要なポイントです。現代的な食生活を送っている方、とくに外食が多い方はどうしても加工食品を口にする機会が多くなります。こういった食事では細胞が酸化しやすく、エイジングが進む大きな要因に。**髪や肌の表面は分泌された油分で覆われていますから、それを放置していては酸化が一気に加速してしまいます。**

また、「夏は汗をかくから1日2回、冬はあまり汚れていないので2〜3日に1回しか洗わない」という方もいらっしゃいます。これは私の理論からするとまったくの逆。冬こそ寒さで皮脂が固まって毛穴をふさぐし、血行も悪くなりがち。首や肩がこって頭皮もかたくなりがちですから、必ず毎日シャンプーして温めるべきです。逆に夏は汗は出ますが、頭皮ケアという観点では洗いすぎに注意してほしい時期です。

シャンプーは洗い流す目的だけでなく、頭皮マッサージの一環ととらえて毎日行いましょう。

頭皮の毛穴力を鍛えるシャンプーテク　決定版

シャンプーは髪を洗うものではありません。頭皮の汚れを落とすものです。まずはP50のやり方でていねいにブラッシングし、お湯で1～2分かけてしっかり予洗いすることが大切。実は、**きちんと洗えている人は1割程度**です。

よくみなさんがやっているのが、髪を上から下に洗っていくやり方。それだと頭皮まで指が届かず、ただ髪をこすっているだけになってしまいます。必ず**下から上に向かって、地肌に届くように指を入れ、頭皮の汚れを押し出す**よう注意しましょう。

また、やたらとゴシゴシ力任せに洗っている人もいます。みなさん、顔を洗うときはていねいにやさしく手を動かしていますよね？　頭皮も顔とつながっている1枚の皮膚です。顔だと思っててていねいにやさしく洗ってください。

How to

How to Shampoo 1

泡立てずに頭皮をさする 指の動きは小刻みに

ブラッシングとお湯洗いをしたあと、シャンプー剤を同量の水でゆるめて全体に。指の腹で下から上へ小刻みにさする。メイクをクレンジングで浮かせるくらいのソフトタッチで。

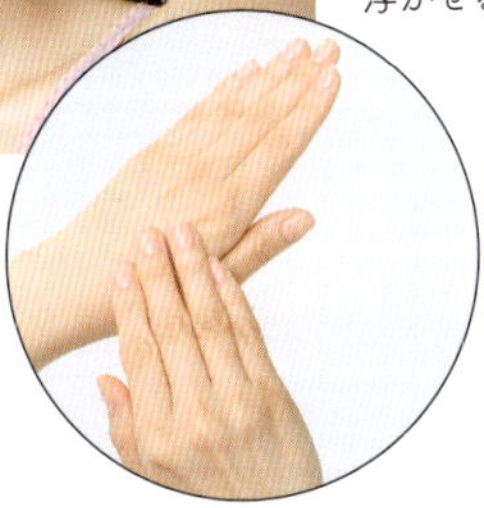

皮膚がよれない程度の強さ

How to Shampoo 2

毛穴につまった皮脂を しぼり出すようにもむ

頭頂部に向かって、指の腹で皮膚と皮膚を寄せ、皮脂をしっかりしぼり出すようにもむ。力加減は、手の甲の皮膚がややよれるくらい。こすると肌にダメージを与えるので注意。

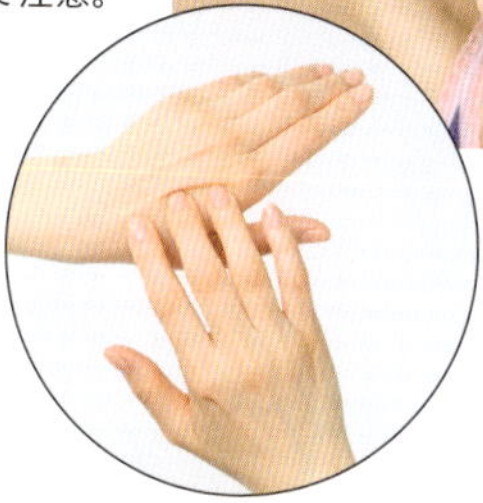

皮膚がよれる程度の強さ

シャンプー迷子がこんなに多いワケ

私がセミナーや取材で聞かれると一番困る質問、それが「どのシャンプーが一番良いですか?」というものです。

以前はシャンプーといえば、悲しいことにバストイレタリーのカテゴリーでした。しかしここ最近、スキンケアブランドからもシャンプーが発売され、またヘアケア専門ブランドもシャンプーにこだわり開発するなど、美容カテゴリーとして認識されてきました。ドラッグストアに行くと、シャンプーコーナーには「ノンシリコン」「スカルプケア」「ダメージケア」「エイジングケア」「艶とまとまり」などなど、さまざまな商品が並んでいて、まさに何を選んでいいのかわからない! シャンプー迷子が続出しています。

こんなにも迷ってしまう理由の1つは、**「ヘアケア＝シャンプー」という思い込み**です。シャンプーを替えれば髪質も変わるはず、そんな過度な期待をかけてしまうからシャンプー選びも迷ってしまうし、結果が出なかったとき裏切られたような気持ちになってしまうのです。

シャンプー剤の目的は、**肌に負担をかけずにやさしく汚れを落とすこと**。以上です。たとえば肌のたるみが気になったとき、洗顔料を替えたらたるみが改善するなんて思いますか？　マッサージしたり、美容液を使ってみたり、いろいろ他にやれることを考えるでしょう。シャンプー選びも同じことです。

キャッチコピーにひかれてシャンプーを選ぶ方もいると思いますが、使ってみたときのご自分の感覚、つまり好き・嫌いを重視してみるのもいいでしょう。

私は冒頭のような質問をされたときは、**「髪ではなく頭皮の状態に合わせて選びましょう」**とお答えしています。人によって合うものは異なりますし、そのときの状態によっても違うもの。次のページの解説も参考にしてください。

今あなたに必要なシャンプーの選び方

シャンプーは今の**頭皮の状態に合わせて選ぶ**のが一番です。地肌が乾燥しているのか、角質がたまっているのか、皮脂が残ったままなのか、状態を見極めます。乾燥肌か、オイリー肌かによって選ぶべきものは変わります。また、**カラーリングをしている方は、色が落ちにくく、ダメージをカバーしてくれる**ものを選ぶといいでしょう。

\乾燥肌用シャンプー/

薬用炭と海泥で汚れを吸着、植物エキスと天然オイルが行き渡る環境に。ノンシリコンでハリ、弾力ある髪へ。CA101 薬用ブラックシャンプー（医薬部外品）260㎖ ¥2800／エル・ド・ボーテ

7種のハーブの力で頭皮をすっきり整えながらうるおし、きしまずなめらかな指通りに。ラベンダーとフレッシュペパーミントの解放感ある香り。ハーブ×ハーブ シャンプー 240㎖ ¥3000／HACCI

＼オイリー肌用シャンプー／

毛穴に潜む老廃物まで純化クレンジング。ニオイやべたつき、フケなどを防ぎ、さらさらの艶髪に。h&s リフレッシュ地肌ケアシャンプー(医薬部外品)370mℓ ¥698(編集部調べ) ／ P&G

グリーンクレイと植物エキスが余分な皮脂を吸着。清潔な頭皮と輝く髪がかなう。カティエ　シャンプー GC（グリーンクレイ／オイリーヘア・スカルプ用）250mℓ ¥1600 ／カティエ

＼カラーリングヘア用シャンプー／

カラーで傷んだ髪一本一本をリペアして、もっちりとした弾力のある髪に導く。シュワルツコフ FIBREPLEX シャンプー 100mℓ ¥1000（編集部調べ）／ヘンケルジャパン

髪の構成成分であるケラチンとリンゴアミノ酸の洗浄剤で負担が少ない。残留アルカリを除去してカラーやパーマも長持ち。クゥオメゾフォルテ　ヘアバス mf 400mℓ ¥4800 ／アマトラ

オーガニックは1つの選択肢と考える

ヘアケアはじめコスメのオーガニック市場は今、非常に活気があります。食だけでなく、安全な成分を髪にも取り入れたいというヘルシー志向が30〜40代を中心に広まっています。

ただ、気をつけていただきたいのは、オーガニックは敏感肌にも使えると勘違いしている方も多いということ。**「オーガニック＝肌にやさしい」という考えは、100%そうとも限りません**。現に山芋やうるしなどは、かぶれを起こす方も多く注意が必要です。オーガニックは肌にいいか悪いか、ではなく、植物の育て方がそもそも違うのです。オーガニック＝有機栽培のことで、化学合成農薬や化学肥料に頼らず、有機肥料などで栽培する農法のことを指します。そのため、環境にやさしく、太陽と大地の恵みをたっぷりと受け、**パワフルに肌へアプローチします**。それが肌質によっては合わなかったり、パワフルさに負けてしまうこともあるのです。オーガニックならなんでもいい、ではなく、選択肢の1つとして考えましょう。

ヘアケアアイテムを含む化粧品には、食品と違ってまだオーガニックの正式な定義が統一されていません。お店の人に聞いたり、成分表示をチェックして、理解して選び、使うことが大切です。

＼オーガニックシャンプー／

やさしく角質をケアして余分な汚れを落とし、頭皮を清潔な状態へ導く。98％以上自然界由来成分。より太く豊かな髪を育む土台づくりをサポート。インヴァティ アドバンス エクスフォリエイティング シャンプー 200g ¥3300／アヴェダ

ヤシ由来の洗浄成分による濃密な泡ですっきり洗いつつ、カモミールエキスとローズマリー精油が頭皮と髪に浸透してうるおいを与える。アルジェラン アロマ スカルプ シャンプー ラベンダー＆イランイラン 500㎖ ¥1505 ／カラーズ

シリコンは髪と頭皮にどんな影響を与えるのか

「シリコンを使用しないほうが髪のためになりますか？」「ノンシリコンは髪にいいですか？」という質問を、雑誌の取材やセミナーでよくされます。シャンプーやコンディショナーに「シリコンフリー」と表記されていると、シリコンは髪に悪いもの？と思って敬遠してしまう人もいるかもしれません。

ある時期、シリコンが毛穴につまり髪や頭皮に悪影響をおよぼすのでは？という根拠のない噂がたったこともありました。答えを先に申し上げると、**シリコンは毛穴につまることも、髪や頭皮にダメージを与えることもありません。**

シリコン自体は、体内に入れても安全なもので医療現場でも多く使われています。

シャンプーだけではなくファンデーションなどのメイクアイテムやクリームなどのスキンケアにも採用され、身近にある日用品や食品、医療の分野でも使われている、とても安全性の高い成分と言えるでしょう。

シリコンは**熱や光に強く、艶やかな質感を出せるのが特徴**です。ヘアケアに配合されることで、シャンプーやすすぎのときに毛の摩擦が抑えられ、髪がからまるのを防いだり、さらさらに仕上げる働きもがあります。

とはいえ、汚れを落とすシャンプーには必ずしもシリコンはマストな成分ではないというのも事実。しっかり皮脂を取り除きたいというのであれば、ノンシリコンで。また、ダメージヘアで髪がきしみやすいのであればシリコンの力を借りることも必要です。

乾燥、薄毛、白髪には頭皮用美容液を！

これまでお話ししてきたとおり、女性の髪に関する悩みは多岐にわたり、真剣に悩んでいらっしゃる方が本当に多いと感じます。

でも何より問題なのは、これほど多くの方が悩み、不安に思っているのに、「誰にも相談できない」「どうしたらいいかわからない」と、**悩みを一人で抱え込んでしまう**人が多いことです。

顔の肌悩みはデパートに行けば特別な機械で診断し、オススメの商品を教えてもらえるのに、髪に関しては診断してくれるところがまだまだ少ないのが現状です。だからこそ**正しい知識をもって、目的に合ったアイテムをきちんと選べるようになる**必要があります。

私は、頭皮にもぜひスキンケアをしていただきたいと思っています。**頭皮につける美容液＝スカルプエッセンスは、頭皮を健やかに保つためのものです。**スカルプエッセンスというと、「毛生え薬」というイメージが強くて、使うのを躊躇《ちゅうちょ》してしまう方もいるかもしれません。でもいまや、頭皮用美容液は**血行促進、抗酸化、メラニン活性化、保湿、抗炎症、成長期をのばして太い毛をサポートするなど、目的もさまざまです。**

以前は男性向けの商品が主流でしたが、今は女性向けのものが驚くほど増えました。その割に使っている方が少ないのは残念に思います。

顔に化粧水や美容液をつけるように、頭皮用美容液をつけることを習慣化すれば、髪と頭皮の悩みは今よりもっと改善されていくはずです。

エイジングによる髪悩みには3つのタイプから美容液を選ぼう

いざ頭皮用美容液を使いたいと思っても、どれがいいのかわからないという方は多いと思います。今まで使ったことのない初めてのアイテムだと、各ブランドの違いなどよくわからないのは当然です。

けれど、顔の肌なら少なくとも「しっとり」「さっぱり」といった2つの区別がありますし、オイリー肌用、ドライ肌用、シワ用、たるみ用……など悩み別にたくさんのアイテムがありますよね。**顔とひと続きである頭皮も、そろそろ顔と同じくらいにタイプや悩みに即したケアを行っていただきたいと思います。**

「エイジングによる髪悩み」に合わせて美容液を選ぶのではあれば、悩みは大きく次の3つのカテゴリーに分けられます。

1つめは、パーマやカラーリングをひんぱんに行ったり、紫外線を浴びたりして頭皮が赤く炎症を起こしている場合。早めのケアとして、白髪、抜け毛を予防します。

2つめは、髪がうねり白髪が増えているケース。これは頭皮が乾燥していたり、頭皮のコラーゲンが減少しているなどの可能性が考えられます。

そして3つめは、抜け毛や細毛が気になる場合。これは血行不良や髪そのものへ栄養が足りなくなっているのがおもな原因です。

自分にぴったりの1本を選んだら、毎日朝晩の2回、つけてみてください。夜はシャンプーしたあと、軽くタオルドライしたら濡れたまま美容液を使い、その後ドライヤーで乾かします。朝は乾いた状態のまま、スキンケアと一緒に行う習慣をつけるのがいいでしょう。

効果を最大限活かすための、正しい使い方も、のちほどご紹介します。

悩み別、オススメの頭皮用美容液

オススメの美容液を、「炎症ケア」「白髪ケア」「抜け毛ケア」の3種類に分けてご紹介します。**まずはご自分が一番悩んでいることに対応しているものから使ってみてください。**

半年間、毎日朝晩使うことが重要です。買って満足してしまい、使わないという人が意外に多いのですが、使ったり使わなかったりすると一番効果が出にくくなります。

＼ 炎症ケアの美容液 ／

十分なうるおいを与え、頭皮にハリと弾力をもたらす。頭皮の血行を促進し、栄養やうるおいが巡る環境に。ダヴィネス ナチュラルテック コンセントレイト<RN> 100㎖ ¥7500／コンフォートジャパン

ミントとユーカリによってひんやり感がある。荒れやほてりも抑制。ルネ フルトレール アステラ フレッシュ セラム 75㎖ ¥3000／ピエール ファーブル デルモ・コスメティック ジャポン

白髪ケアの美容液

毛根部のメカニズムに着目し、豊かな黒髪を育む女性用のスカルプエッセンス。刺激がなくおだやかに心地よく使える。コスメデコルテ ステムノワール（医薬部外品）170㎖ ¥6000／コスメデコルテ

年齢とともに気になる髪色の変化に対応しハリ・ツヤのある黒髪。ザ・ヘアケア　アデノバイタル　アドバンスト　スカルプエッセンス（医薬部外品）180㎖ ¥7000／資生堂プロフェッショナル

抜け毛ケアの美容液

頭皮に存在する菌に着目した独特のケアで、豊かで健やかな黒髪を育む。サロンでも定評の高い一品。オージュア グロウシブ グロウエッセンス（サロン専売品）100㎖ ¥6000／ミルボン

3つの有効成分が髪を育む力を高めて育毛、発毛を促進。美容液＆育毛剤の効果で加齢による抜け毛、薄毛を防ぐ。CA101 薬用スカルプエッセンス（医薬部外品）120㎖ ¥6000／エル・ド・ボーテ

頭皮用美容液がトラブル解消に有効なワケ

私が頭皮用美容液をオススメする理由は、**有効成分を毛根や頭皮に直接届けることができるから**です。抗酸化物質を例にとってみましょう。

皮脂は出た瞬間から酸化し、さまざまなトラブルを誘発します。そして髪の生産工場である毛包という部分は、酸化ストレスにとても弱いのです。残念ながら毛包には抗酸化成分が存在しませんが、**表面から美容液などで補うと、きちんと毛包に届く**のです。抗がん剤治療で抜け毛に悩む方の頭皮に抗酸化成分を数時間おきに塗る実験をしたところ、抜け毛がかなりの確率で抑制されたという報告もあるほど。**頭皮用美容液は、元気で美しい髪を育む土台作りのためには欠かせません**。つける場所は、左ページを参照してください。

頭頂部を中心に格子状につける

頭皮がカチカチになり、血流が滞りやすい頭頂部の周りにつければOK。タテ4本×ヨコ3本ほど線をひくイメージで。気になるところは重ねづけを。

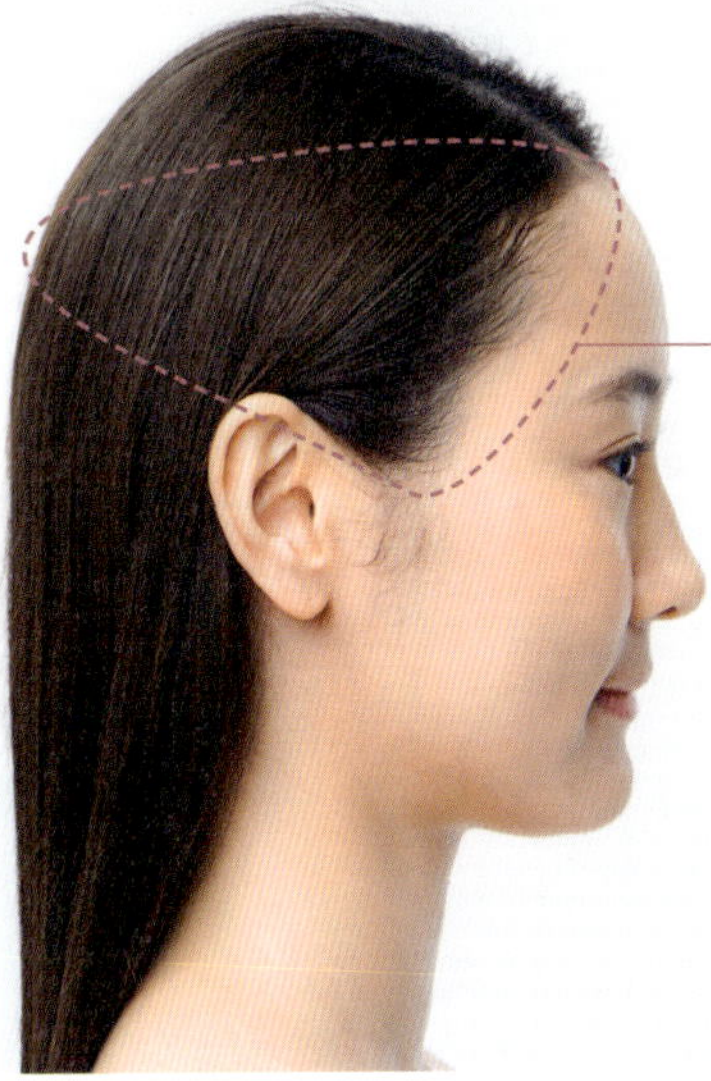

生え際から側頭部の気になる部分も

こめかみの上の生え際は髪の後退が気になる部分。また、もみあげや側頭部も白髪が出やすいなど気になる場合は、しっかり美容液をつけるのがオススメ。

How to

しっかり浸透させるひと手間がポイント

美容液をつけるとき、育毛剤のCMでよく見るような、「ふりかけてこする、たたく」といったやり方は絶対にやめてください。頭皮に直接つけたら、**手でやさしく押さえてじんわり温めながら、毛根にしっかりしみわたるようにします。**

「しみ込め、しみ込め」と心の中で唱えながら、そういう意識で行うことが重要です。

Essence Point 1

分け目をつけて頭皮に直接つける

髪につけても効果はないので、頭皮に直接塗布するのがポイント。つけたい部分の分け目をしっかりと露出させ、地肌に美容液がついているのを確認する。

Essence Point 2

つけた場所を手で押さえて浸透させる

つけた場所を手で押さえ、体温で温めながら、美容液を毛根まで浸透させる。じんわり温かくなり、しみわたっているのを感じたら、次の分け目をつくって同じようにつける。

Essence Point 3

白髪の出やすいもみあげ、側頭部も

女性の薄毛が目立つ生え際周辺や、白髪の出やすい側頭部にもしっかりと。血流の流れを促すとともに、うるおいと栄養をチャージ。つけたあとは同様に手で押さえて浸透させる。

column

4

朝シャンはなぜいけない？ 場合によっては薄毛や白髪の原因に

美しい艶髪を育てたいのであれば、ぜひ夜シャンを。なぜならシャンプーには「髪や頭皮を洗う」だけでなく「マッサージする」という血行促進の役割もあるから。頭皮の細胞が生まれ変わり、毛根で新たな髪が育つのは夜。そのとき頭皮に汗や酸化した皮脂が付着していたり、日中の緊張を引きずった血行の悪い状態では、細胞の修復がうまく行われません。また、睡眠中は体温が下がるので、肌や頭皮も日中より冷たくなります。分泌された皮脂が毛穴周りで固まると、朝シャンしても汚れ落ちが悪くなってしまうのです。

さらに朝シャンには「頭皮をダメージにさらしてしまう」問題も。シャンプーすれば汚れとともに頭皮の皮脂もリセットされますから、皮脂膜のバリア機能も発揮されず、外部刺激には極めて弱い状態に。皮脂分泌されてもとどおりの皮脂膜が形成されるまでには1～2時間かかるので、無防備な頭皮を紫外線にさらすことになり、炎症から薄毛や白髪の原因になることも。

第5章

chapter.5

白髪は黒髪にもどる可能性を秘めている

今は白髪でもこれから生えてくる毛は変えられる

「白髪は黒髪にもどります」とセミナーや取材でお伝えすると、みなさん驚かれます。けれども、1万5000人以上の方の髪と頭皮を拝見してきた美髪アドバイザーとして、これは自信をもって言えることです。もちろん白髪を1本残らずなくすというのは不可能ですし、40歳の髪を20歳の髪にもどすような魔法はありません。けれど、**生えてくる毛を黒くしたり、質感を変えることは可能**です。

私がこれまで見てきた例として、全体的に真っ白な白髪だった80代の方が、点々と墨汁をたらしたように、根元から徐々に黒い毛が生えてきたことがありました。ある70代の方は生えてくる髪色が黒くなり、白髪が減って外出が楽しくなったという例もあります。

ほかにも、毎月の白髪染めが2～3カ月に1回に減ってストレスから解放されたとか、白髪が目立たないので思い切ってヘアスタイルを変えたという方など、挙げたらきりがないほど。

白髪は遺伝のせいだと諦める方が多いのですが、それがすべてではありません。健やかな生活習慣、正しい知識とケアがあれば、白髪を予防したり改善したりすることは十分可能です。

白髪を防ぐためには、「紫外線」「ストレス」「皮脂汚れ」「食品添加物」「摩擦」という5大ダメージをできるだけ遠ざけるよう心がけたいものです。決して諦めず、コツコツケアを続けていきましょう。

不規則なライフスタイルは黒と白のボーダーヘアを招く

白髪だったところに新たに黒い毛が生えるのは、メラニンが関係しています。髪の根元には、髪を生み出す毛母細胞という部分があります。ここでメラニンという黒い色素が作られなくなると白髪になるのですが、実は**白髪だからといって、メラニンを作る仕組みそのものが死んでしまっているわけではない**のです。すでに生えている白髪を黒く変えることはできませんが、メラニンを作る部分を活性化させると、新たに生まれてくる髪が黒くなってきます。

メラニンはストレスや生活習慣に大いに左右されます。黒い毛と白い毛が混じっていたり、交互に出現している、謎のボーダーヘアを見たことがありますか？　これは、一時的に強いストレスがかかったり、生活が一変することで現れる症状です。

以前あるテレビ番組の「白髪特集」の回に出演した際、アナウンサーの女性の髪が偶然ボーダーヘアでした。生活スタイルをくわしくうかがうと、早朝からの勤務、もしくは深夜まで続く放送で昼夜逆転の生活を送りがち、さらに引っ越しなどで睡眠不足も重なっていたようです。仕事が終わってから食事をしようとすると、自炊はなかなか難しく外食中心になる。するとどうしても**加工食品を口にすることが多くなり、こういった食事では酸化した油の摂取量が増えてしまい、エイジングが加速**します。とくに髪や頭皮の表面は分泌された油分で覆われていますから、それを放置していては酸化が一気に加速してしまいます。

変則的な仕事などで睡眠の質が落ちたり、熟睡できていないことも影響します。質のよい、深い眠りをとるためには、ホルモンの1つであるメラトニンがきちんと分泌される必要があります。**メラトニンがうまく分泌されるコツは「朝、光を浴びること」**、これに尽きます。朝日を浴びて14~16時間ほどするとメラトニンが分泌されるのです。しかも**メラトニンは高い抗酸化作用があり、日中に受けたダメージからの修復も助けてくれる重要なホルモン**。寝る子はよく育つと言いますが髪も育つのです。

生命力が弱ると白髪が発生
自分を甘やかしてみることも大切

たとえば30代でも白髪が目立つ方、50歳でも白髪が目立たない方、60代でもごくたまにしか髪を染めないという方はいらっしゃいます。同じ白髪でも、ロマンスグレーと呼ばれるような艶と透明感のある美しい白髪もあれば、パサついたりゴワつきの目立つ白髪も見られます。

どうしてこのような差が出るのでしょうか？ 遺伝がすべてではありません。**先ほどお話しした、白髪を生み出す大敵「紫外線」「ストレス」「皮脂汚れ」「食品添加物」「摩擦」などが影響を与えているのです。**

白髪は、漢方では生命力に関わる「腎」が弱ったとき（＝腎虚《じんきょ》）に現れるという考えがあります。通常、年をとると誰でも生殖機能や回復能力が低下して「腎虚《じんきょ》」になりますが、最近は**仕事も育児もプライベートも頑張りすぎてしまう女性が多く、20～30代にも腎虚が現れ、白髪に悩む女性が増えているのが現実**です。

栄養が偏りエネルギーが不足していれば、黒々とした艶髪は育ちません。まだ若いのに白髪が気になってきたという人は、生命力が弱まっている表れかもしれないのです。

白髪を見つけたら、疲労の原因になっているのは何か振り返り、疲労をあまりためこまないようにすることが肝心。**1日の終わりにゆっくりお風呂に入ったり、ストレッチをしたり、いつもより早めに寝るなど必ずその日のうちにリセットするよう心がけて。**また、頑張っている自分をちょっと甘やかし、栄養と休息をたっぷりとるなど、ライフスタイルを見直してみましょう。

一点集中の部分白髪は場所別におもな原因がある

白髪が生える場所によって、その原因は異なります。とくに一部分だけ集中的に生えてきた部分白髪の場合、遺伝などではなく外的要因があることが多いのです。

部分白髪の原因は大きく分けて3つあり、自分の白髪は何に影響を受けているのかがわかると、対処もしやすいもの。全体的に生えてきた場合は、メラニン色素を作り出すための栄養が足りていない可能性があります。

①「分け目白髪」

紫外線ダメージが原因です。無防備に頭皮に紫外線を受け続けた結果、活性酸素が発生し、肌細胞を破壊し、コラーゲンの産生能力まで低下。黒くなるはずのメラニン色素が休止状態になってしまったパターン。帽子をかぶる、日傘をさす、最近はスプレータイプの日焼け止めもあるので、ぜひ今日からUVプロテクトを。

②「生え際白髪」

ストレスの影響を受けています。ストレスを感じると過剰な活性酸素が放出され、神経細胞を破壊してしまうことも。生え際からもみあげにかけては神経細胞の通り道で、ストレスと深く関係しています。お気に入りのバスソルトを入れてお風呂に入る、深呼吸をするといったことから、完璧にしなくてもいいと割り切ることも必要。

③「一点集中白髪」

ある一部分に出る白髪は、摩擦が原因であることが多いです。頭を知らず知らずのうちにかいていたり、同じ場所を強くこすっているなど思い当たることはありませんか？　摩擦はメラニンにダメージを与え、白髪を増やしてしまいます。無意識にしていたクセを直すなど、今一度日頃の習慣を見直してみましょう。

分け目白髪の原因は
紫外線
生え際白髪の原因は
ストレス

一点集中白髪の原因は
摩擦

白髪の改善を目指すならキーワードは抗酸化！

ここまで、遺伝や加齢だけではない白髪の原因にスポットを当ててきました。

それでは積極的に今ある白髪を改善していくためにはどのようなことをしていけばいいのでしょうか。

一度白髪になると、元にはもどらないと考えている方がとても多いのですが、前述したように、70代や80代でも黒くもどった実例もあります。なぜそんなことが起こるかというと、黒い髪をつくり出すメラニン色素のメカニズムに関わってきます。

毛根から生まれたての髪は、実は白いということをご存じですか？　その白い髪に毛根部分でメラニン色素が注入されることで髪は黒くなります。**メラニン色素の産生が衰えて、黒くなれずに白いまま成長したのが白髪です**。つまり、メラニンそのものがなくなっているわけではなく、活動が衰えているから白くなるのです。

メラニン色素をつくりだす細胞が衰えて弱くなっている大きな理由、それが**酸化＝サビつき**です。細胞の酸化、それはおもに次の6つの要因によって起こります。

①食事
②炎症、病気
③遺伝プログラム
④太陽光線
⑤大気汚染
⑥皮膚刺激

この6つ、ほぼすべて避けられない要因だということにお気づきでしょうか。私たちの体は、極端にいえば、息をしただけで酸化します。ごはんを食べても酸化するし、病気をしたり、どこかに炎症があれば酸化します。

問題は、急激な酸化がエイジングにつながることで、**白髪の悩みには、「抗酸化」がキーワードになってきます**。現代人はとくに、サビやすい生活をしていますから、生活習慣そのものを見直すことが必要です。

抗酸化するにはどうすればいいかというと、1つは食事から摂る方法があります。細胞の酸化を抑えるために、季節のフルーツや野菜に含まれる抗酸化成分をたくさん摂ることを心がけましょう。また、メラニン色素を活発にする栄養素といえばヨード類が挙げられます。わかめ、昆布、ひじき、のりなどの海藻類に多く含まれています。

そのほか4章でも説明したとおり、髪の生産工場である毛包には、食事から摂った栄養がなかなか届かないため、表面からアプローチするのも正解。**白髪用の頭皮美容液を使うのがオススメです**。酸化を抑制する成分はもちろん、メラニン色素を活性化したり、炎症を抑える成分がたくさん入っているため、白髪が気になる方にはぜひ試してみていただきたいと思います。

白髪にならないためのリラックスマッサージ

日頃、白髪に悩む多くの女性と接してきて、**年々増えてきていると感じるのが「ストレス」が原因のケースと、カラーやパーマ、紫外線などからくる「頭皮の炎症」によるもの**です。内的要因のストレス、外的要因である紫外線などによる炎症、どちらのタイプも共通しているのは、細胞が傷ついているということ。地肌がデリケートになっているので**無理やり動かそうとするよりも、やさしいマッサージのほうが効果的**です。リラックスのためにラベンダーなど鎮静系の香りをつけてもいいでしょう。

神経細胞の通り道である**生え際を中心に両手で包み込みやさしくマッサージすることで、安心感が満ちて、気持ちも安定してきます**。次第に頭皮が動くようになり、ふかふかとした厚みのある頭皮に変わっていきます。

How to

Massage for Tsuyagami 1

手のひらで包んで神経細胞にアプローチ

手のひらを密着させる場所は、ストレスやイライラに関わる神経細胞が多く通る生え際。深い呼吸をしながら頭皮に密着させる。しっかり包み込むと安心感がわいてくる。

Massage for Tsuyagami 2

手のひらのふくらみで後方にゆっくりとまわす

そのまま、両手の付け根のふくらみを使って、なるべくゆっくりとした動きで、後方にくるくるとまわす。頭皮が薄い、かたい部分は重点的に行う。

白髪のカラーリングはサロンですべき？　自宅ですべき？

白髪が目立つようになってきた際、カラーリングをしている方も多いと思います。「プロの手にゆだねたほうがいいのか、自宅でカラーリングしてもいいのか？」これもよく受ける質問です。

まず、**ヘアサロンでカラーリングをする場合のメリットは、自宅で行うホームカラーと比べて髪への負担が少ない**ということが真っ先に挙げられます。美容師が一人一人の髪や頭皮の状態を見て適したカラー剤を選んだり、事前にトリートメントを行ったり、地肌につかないようにムラなく塗るといった技術力もあり、仕上がりもきれいです。

市販のカラー剤を使って自宅でカラーリングする場合、コストが抑えられ、時間もサロンに比べて短縮できますが、髪への負担は大きく髪にダメージを与えます。

とはいえ、サロンで髪全体を何回も染めることも結果的にはダメージを与えますから、私がオススメするのは、髪全体はサロンで4～5カ月に1回、生えてきた根元はホームケアでカラーリングするというサイクル。髪に負担をかけずに、きれいな状態を長くキープできます。

サロンでやるにしろ、自宅でやるにしろ、1つ共通しているのは、**カラーリング後はカラー専用のシャンプー、トリートメントを使っていただきたい**ということ。きれいな色を保てるのか、退色してしまうのかは、カラーリング後2週間が肝心です。

P119でご紹介したような、カラーリングした髪用のシャンプーを使っていただければ、色が流出してうるおいや艶が失われるのを防いでくれます。

家でのポイントケアにはヘアマスカラがオススメ

最も手軽に白髪をカバーできるのが、ヘアマスカラの存在です。まつ毛に塗るマスカラと同じ形状をしていて、コームで直接気になるところに塗るだけで、艶やかな黒髪に仕上がります。汗や水に強いウォータープルーフタイプもあり、蒸し暑いときに黒い汗が出た……という問題もありません。

手も汚れずに手軽に黒髪へチェンジできるため、1本あると便利です。

白髪は、人の視線が集まる顔まわりの生え際や分け目などに生えやすく、少しでも伸びると目立ちます。とくに耳の上やもみあげ、分け目部分は、毛の密集度が少ないため、ますます目立ってしまいます。

月に1回のヘアサロンでのカラーリングでは追いつかないという声もよく聞きま

す。そんなとき、自宅で手軽にできるヘアマスカラは頼もしい存在です。

ヘアマスカラの場合、残念ながらシャンプーすると落ちますが、**髪にダメージを与えることなく、すぐにできることが何より魅力。外出前に気になる部分だけケアしましょう。**

塗り方のコツは、マジックカーラーを巻いて根元を立ち上げてから塗ること。これは根元のボリュームアップにもつながりますので一石二鳥です。

How to

マスカラコームを取り出し、余分な液はケースでしごくか、ティッシュで軽くおさえると、液だれやムラづきを防げる。根元からしっかりと塗るために、塗りたい部分に、マジックカーラーで巻いてから塗る。

column 5

艶と透明感のある「グレイヘア」を目指すなら

草笛光子さんや結城アンナさんといったファッションアイコンの存在もあり、「グレイヘア」を目指す女性が増えてきました。

ファッション誌やテレビ番組でも、「グレイヘアの楽しみ方」というような特集が何度も組まれるほどです。グレイヘアはおしゃれで個性を大切にする女性が取り入れている印象があり、まだそこまで白髪が多くない年代でも、将来的には目指していきたいと考える方もいらっしゃいます。でもこのグレイヘア、美しく仕上げるためには、白髪でも艶めいて透明感がある髪でなければなりません。これは日頃のケアと生活習慣の賜物です。

一般的に白髪は、水分量もメラニン量も低下して、頭皮の弾力も失われているためゴワつきがちです。皮脂を放置して酸化すると黄ばんだ白髪にもなります。きれいなグレイヘアを楽しむためにも今から日頃のケアをきちんとしておくことが大切です。

第6章

chapter.6

半年後のあなたの髪は今の「食」からつくられる

育毛剤も治療も「栄養」という土台がなければ無意味になる

しっかりケアしても効果が出る人となかなか効果が出ない人。その差は日頃の食生活です。

若いのに薄毛になってしまった、出産後の抜け毛が数年たつのに回復しないなど、深刻な悩みでカウンセリングにいらっしゃった方に、私が必ず質問すること、それは「食」について。

昨日何を食べましたか？　どんなことに気をつけて食事をとっていますか？　ダイエット中ではありませんか？　外食が多かったりお弁当などの出来合いのもの、偏ったものばかり食べていませんか？

なぜそんなことを聞くかというと、**薄毛などで悩んでいる方のほとんどが、さまざ**

まな理由で食生活が乱れていたり、ベジタリアンなど偏った食事をしていたりするからなのです。無理なダイエットで急激にカロリーを減らした結果、髪がパサパサになってしまった、細毛になってしまったという経験がある人も多いのではないでしょうか。

健やかな髪の毛をつくるのは、確かな栄養です。

育毛外来のドクターがまず行うのも「栄養指導」（Ｐ１７１参照）。たとえ高い注射を打ってもらっても、ホルモンバランスに働きかける薬を処方してもらっても、「栄養」というベースがなければ効果を発揮しない。これは絶対的な、圧倒的な事実と言えます。

髪をつくる材料もエネルギーも不足していれば、どんなにヘアケアを頑張ってもきれいな髪は育ちません。また、ヘアケアはお金に糸目をつけなければサロン任せにできますが、**髪のモトとなる栄養を体内に満たすことは自分にしかできないこと。**内側からのケア（食事）とヘアケアは、２つでセットと考えましょう。

髪の毛はすべて食べたものからできている

何を食べたのかはっきりとわかるのが髪の毛です。さまざまな事件も髪の毛で検査するほど髪の毛は体の中の状態をはっきりと映し出します。とくに髪にとって大切なミネラル成分は血液よりも毛髪から検出されやすいのです。

肌が腸の鏡なら、髪は体の成績表。

私が美髪アドバイザーを始めたばかりの頃は、「いかにヘアケアするか？」ということが一番の関心事でした。それが現在では、「どんな食生活が髪にいいのか？」という研究も大きなトピックとなっています。

というのは、**食生活を改善したことがきっかけで、劇的に髪の状態がよくなった例を数多く見てきたからです。**80代の方の髪が食を変えただけで黒くなったという事例もあったほどです。

私たちの体は、食べたものからつくられています。だからこそ**栄養状態が改善すれば、これから生えてくる髪は驚くほど変化し始めます**。たとえ何歳でも、どんな状態であっても。

むしろ、**年齢を重ねると「食の改善」は若い頃よりもてきめんに肌や髪の変化として現れるのです**。10代、20代であれば新陳代謝も活発ですから多少の不摂生をしたくらいではトラブルとなりません。

けれど、30代後半くらいから消化・吸収能力がだんだん落ちてきます。食べたものをきちんとエネルギーに変換できないから太ってしまったり、腸内細菌のバランスが乱れてきて栄養を吸収できなかったり。

栄養を受け入れる体の状態が変化していくのですから、大人年齢になったらより賢く、より正しく選んで食べていく必要があります。

髪のクオリティを上げるために絶対不可欠な「3大美髪フード」

美しい髪を育てるためには、体にその材料となる栄養素が満ちているのが大前提です。

といっても、ストイックに節制したり、難しく考える必要はありません。あれもこれもと気にし始めたらキリがありませんが、攻略するにはコツがあります。**美髪に欠かせない重要度と、現代女性の食生活に不足しがちなものという2つの要素を軸に絞り込んだのが、これからご紹介する「3大美髪フード」です。**

1つめが、**タンパク質**。髪の材料であるだけでなく、筋肉や臓器、肌、爪など体のほとんどはタンパク質から作られています。

2つめは、**ミネラル**。そうひとくちに言われても、たくさんの種類のミネラルをいいバランスで摂るのは至難の業ですよね。そんなときに簡単で、しかも頼れるのが色の黒い食材です。詳しくは後述しますが、ブラックフードを意識して摂れば、自然とミネラルが足りてくるのです。

そして最後は、日本人が長きにわたって食べてきた**発酵食品**の数々です。体にいい食材でも、腸できちんと消化・吸収できなければムダになってしまいます。また、発酵食品は素材そのままよりも栄養価が高くなります。たとえば牛乳そのままよりもチーズのほうが、大豆そのものより納豆のほうが栄養価が高いもの。腸を活性化させ、同時に栄養も摂れるのですからこんなにおトクな話はありません。

食生活をがらりと変えるのは難しくても、この3つを取り入れるのはそれほど大変ではないはず。しかも確実に艶髪へと変わっていきます。それぞれの食材の特徴や取り入れ方を、次ページ以降でご紹介します。

現代人は戦後すぐと同じレベルの栄養失調状態

私が考える絶対不可欠な3大美髪フードの1つめが、タンパク質。

髪はもちろん、体のほとんどはタンパク質から作られているにも関わらず、現代人は物資が不足しがちだった戦後と同じくらいの摂取量しか摂れていないのをご存じでしょうか。これでは健康な髪の毛が生えてくるはずがありません。

最近よく耳にするのが、朝はスムージーだけとか、●●健康法で●●ばかり食べているといった極端な食生活。食べものが偏りすぎてその結果必要な栄養素が足りていない人がとても多いのです。

また気をつけたいのがベジタリアン。もちろん植物性の食べ物からもタンパク質を摂ることはできます。しかし食品に含まれるタンパク質の量を考えたとき、植物性の食べものだけで必要なタンパク質量を摂りきることは、大変難しいと思うのです。

さらにポイントとなるのは、食品に含まれているタンパク質がすべて吸収されるわけではない、ということ。ダイエット経験のある方なら「アミノ酸スコア」という言葉を聞いたことがあるかもしれません。食べた食品のアミノ酸（＝タンパク質）の「吸収されやすさ」を示す指標です。

牛肉や豚肉、鶏肉などの肉類はアミノ酸スコアが１００で、摂取したタンパク質はそのまま体内で利用されると思っていいわけです。卵や牛乳などもアミノ酸スコアが高い食材ですので、**「動物性タンパク質は効率がいい」**ということがわかります。

ただし、動物性タンパク質には脂質も多く含まれますから、ダイエットという観点では摂りすぎに注意したいところ。動物性、植物性をバランスよく、毎日たっぷりと摂るようにしましょう。

毎日の食事に〝ちょい足し〟するとよいオススメ食材は、**大豆の水煮、ゆで卵、イワシやサバなどの魚缶、ナッツ類、納豆**などです。

圧倒的なミネラル不足をブラックフードで補う

絶対不可欠な美髪フードその2は、ミネラル。

昔から「わかめで髪が増える！」という迷信がありますが、それはわかめに含まれる豊富なミネラルが髪に良いという事実から。

艶やかで美しい髪を生成するのに欠かせないミネラルは鉄、マンガン、マグネシウムなど、13もの種類に及びます（ちなみに、この13種類は厚生労働省によって「抜け毛予防・薄毛改善に効果的」とされているお墨付き）。また、亜鉛が不足すると白髪になるとも言われており、白髪予防の面からも摂っておきたい重要ミネラルの代表です。

また**髪の材料であるタンパク質をいくら摂っても、亜鉛が不足していればそれを髪**

の主成分であるケラチンへと再構成することができません。ミネラルは人の体内で作ることができないため毎日の食事から摂るしかないのです。

しかしいくら大切な成分であってもこれらの成分をいちいち覚えたり「この食材にはマグネシウムがどのくらい……？」なんて考えていると、それだけでストレスになりそうですよね。

そんなストレスを解消し、**手っ取り早くミネラルを補うために私がオススメしているのがブラックフード**。見た目で選べばいいのですから、こんなに簡単なことはありません。いつも使っているゴマを黒ゴマに替えたり、スープにちょっとわかめを加えるといった簡単なひと手間で、ミネラル摂取量がぐんとアップします。

ぜひキッチンに常備してほしいブラックフードは、**海苔、プルーン、ひじき、わかめ、塩昆布**などです。

発酵食品で「美髪菌」を増やす

そして最後は、日本人が長きにわたって食べてきた発酵食品の数々です。**現代人の腸は汚れていると言われています**。食べ物は腸から吸収されるので、腸が汚れていてはせっかくよいものを食べても体に吸収されません。

私たちの腸にはおよそ1kgもの腸内細菌が棲んでいます。その種類は3万を超えると言われていますが、体にいい働きをしてくれる善玉菌と、腸内で食べものを腐らせたりガスを発生させる悪玉菌、そしてその2つのバランスによって働きがコロコロ変わる日和見菌という3つのグループに分かれます。

普段食べているものによってそのバランスは変わりますが、避けて通れないのが加齢による腸内細菌の集合体、いわゆる腸内フローラの変化です。

20代、30代はそのバランスが比較的安定しているのですが、40代に入るとビフィズス菌などの善玉菌が減り始めます。逆に、子どもからはほとんど検出されないウエルシュ菌といった悪玉菌が増えてくるのもこの時期です。

腸内細菌のバランスがこうして崩れてくるのは、髪にも肌にも、全身の健康にとっても大きなマイナスです。なぜって、それまでと同じものを同じように食べても、同じだけの栄養が吸収できなくなっているということだから。

発酵食品がそんな腸内フローラを整えてくれるのはもちろんですが、食品として栄養価がアップしている点も見逃せません。たとえば大根をぬか漬けにすると、生のものよりビタミンB_1が15倍、ビタミンB_6が5・5倍にもなるんです。**腸内フローラを整えつつ栄養も補えるのだから効率的。**

腸内フローラの状態をよくしてくれる善玉菌のことを、私は「美髪菌」と呼んでいます。

「美髪菌」のために毎日ちょこちょこ摂りたい発酵食品は、**甘酒、ぬか漬け、キムチ、ヨーグルト、飲むお酢**です。

手軽に栄養が摂れるドリンクやサプリ

ここまで、艶髪のためにはまず食生活を整えることがいかに大切かというお話をしてきました。髪はもちろん、私たちの体をつくっているのは間違いなく食べているものですから、**食生活を改善することは長い目で見て髪のため、ひいては健康そのもののためになる**ことは間違いありません。

私は現在、自分で畑を作って野菜を育てたり、味噌やキムチなどの発酵食品を手造りして、髪のためにいい食生活を実践しています。自分でやってみなければ、「これがいい」とお伝えすることはできないと考えているからです。ライフスタイルを根本から見直し、食べるものを変えた結果肌や髪そして気持ちまで変わっていきました。

髪にいい栄養は、食べものから摂ることが一番オススメです。

でも忙しい現代人のこと、すぐに生活を変えられない、ということもあるでしょう。そういう場合には、**手軽に摂れるドリンクやサプリで、栄養を補ってみてください。**とはいえ素材そのものが目に見えない分、良質で信頼できるものを吟味しなければなりません。取り入れてみて全く体感が得られないのであればそれは見直しが必要です。私が「髪の栄養が足りてないな」と思ったときに摂っているものをご紹介します。

＼オススメのドリンク＆サプリ／

サンゴ末、黒マカ、プラセンタ、バナチン®などを配合。薄毛や白髪が気になる方に。ドラゴンアッシュ150粒　¥13000／ファースト

11種のビタミン、4種のミネラル、乳酸菌、CLA(共役リノール酸)を配合。ソラーチェ　ソイリーン　ドリンク480g　¥10000／ソラーチェ代官山

ポリフェノールやクエン酸を多く含み、血行促進や抗酸化作用が期待できる。希釈するタイプ。フルーツハーブ　さんざし　900ml　¥3000／スタイルクリエイト

特別インタビュー

育毛外来　田路めぐみ先生

日本でもまだ少ない「育毛外来」で診療を行っている
髪のスペシャリスト、田路めぐみ先生にインタビュー。
ここでは育毛に特化してお話をうかがいました。

profile

田路めぐみ（たじ・めぐみ）
松倉クリニック医師。育毛外来担当。東京大学医学部卒業後、形成外科でチーフ職を歴任。日本形成外科学会専門医、日本抗加齢医学学会専門医。幅広い知識と親身な診察、わかりやすい語り口調で人気に。

栄養というベースがなければ、どんな治療も効果を発揮しない

田村　先生の育毛外来にいらっしゃる方はやはり40代以降がメインですか？

田路　更年期や妊娠前後のホルモン変動による薄毛・細毛悩みの方が多いですね。ただ、中には**20代でも地肌が透けて見えるような方もいらっしゃる**ので、若い方の髪トラブルも増えていると実感しています。

田村　わかります！　私もカウンセリングなどで、白髪や薄毛、細毛といった悩みが若年化しているように感じます。ク

リニックでの育毛治療というと、みなさん「ホルモン治療をするんでしょ」とか「すごく痛い注射を打つらしい」といったイメージがあるようなんですが、実際のところはどうなんでしょうか？

田路　私も育毛外来を担当し始めた頃は「まず注射を」と思っていました。成長因子を直接注射するのが手っ取り早いと。ところが違ったんです。**栄養というベースが整っていないと、注射をしてもなかなか元気な髪は生えてきません。**

田村　せっかくの注射がムダになってしまうわけですね。

田路　はい。ホルモン様物質は信号のようなもの。いくら信号を送られても、細胞そのものが元気でなければ反応できないんです。

田村　そのお話、よくわかります。髪のトラブルに悩む方のお話をうかがうと、食事が偏っているケースがほとんどです。**髪はいわば、全身状態を反映する鏡**のような存在なんですよね。

田路　そうなんです。私は髪も肌も、〝健康トラブルの最初のアラート〟だと考えています。ですから育毛外来は抱えている不調に気づいていただく入口にもなっている。体の調子を整えると髪も肌も勝手に良くなってきます。

田村　「**髪は余った栄養で作られる**」という東洋医学の知恵そのものですね。

田路　今までの育毛治療がうまくいかなかったのは、頭皮だけでなんとかしようとしてきたから。**頭皮ケアは大切ですが、生活指導や栄養療法も同時に行わないと、結果がなかなか伴いません。**

動物性のタンパク質はマスト。時にはサプリも活用を

田村　先生のクリニックではどのように食事指導をされているのですか？

田路　食材選びの目を養うよう意識しています。というのも、日本の場合は土壌がかなり貧しくて、**食材に含まれるミネラルが昔と比べて減ってきている**んです。髪にトラブルを生じている方は亜鉛や鉄、あるいはその両方が極端に少ないケースが多いんです。その原因の1つは、ミネラルやビタミンが少ない炭水化物の摂取量が多いこと。動物性のタンパク質を摂っていただければ、鉄や亜鉛、銅といったミネラルがかなり摂取できます。

田村　食材をお教えしてもなかなか摂るのが難しいという声もあります。「牡蠣やほうれん草がいいと言われても、そんなにたくさん食べられないし……」と。

田路　しかも、同じものを同じように食べても、消化吸収能力は人によって違います。ミネラル不足の方は消化吸収力が落ちていることが多く、消化酵素剤をおすすめすることも。すべて食事でまかなえれば理想的ですが、極度に栄養状態が悪い場合はサプリメントを利用することで、回復がスムーズになります。

更年期は必ずしも薄毛の理由になるわけではない

田村　更年期はすべての女性に訪れるものですが、**誰もがその影響で薄毛や細毛になるわけではない**ですよね。

田路　病気で卵巣（女性ホルモンを分泌する役割を担う）を切除した方でも、髪の状態がまったく変化しないケースも少なくありません。それは細胞の受容体の種類や数、働き具合に個人差があるからです。そして、**栄養状態がきちんとしている方は、更年期に入ってもぶれにくい**と思います。

田村　もう1つ、ストレスの問題は大きいですよね。カウンセリングを行っていると、**中高年の女性の急な抜け毛の背後には、介護の問題が多い**んです。

田路　ストレスの問題は避けて通れません。ハードなダイエットや手術などのストレスも影響します。**ダメージを受けて3〜4カ月後の休止期に脱毛が始まるケースが多い**ですね。

諦めずケアを続ければ必ず改善する

田村 それ以外の要因についてはどうでしょう。私は睡眠の影響もすごく大きいと感じているのですが。

田路 「寝る子は育つ」とはよく言ったもので、**深い睡眠のときに臓器の再生、髪や肌の代謝が進みます**からとても重要です。睡眠時間もさることながら、その質も大切。すっと深睡眠に入れば、ヒーリングホルモンでもある成長ホルモンがうわっと分泌されます。

田村 運動習慣はどうですか？ スポーツや歩く習慣がある人は栄養指導の結果が出やすいように思います。

田路 筋トレなどの運動習慣がある方は、髪がしっかりしている印象ですね。筋トレで増える男性ホルモンレベルが高いと薄毛が進行すると思われがちですが、おそらく**同じく筋トレで分泌される成長ホルモンが拮抗**しているんだと思います。

田村 「男性ホルモンが悪さをして薄毛が進む」とは一概に言えないのですね。

田路　はい。それから、「親も□□□□だから」と遺伝のせいにするのも違うと思っています。**肌や髪は遺伝子の影響が4分の1、食事や運動といった環境因子が4分の3**くらい。遺伝子の影響のほうが小さいので、諦めずにケアを続ければ必ず改善します。

田村　ドクターからそんなふうに言っていただけるのは嬉しいですね。

田路　しかも栄養状態が変わるとその影響は全身に波及します。髪のトラブルで通っていたのに肌もきれいになったとか、産後うつが治ったというケースはすごく多いんですよ。

田村　髪のケアに本気で取り組めばきれいになるし、生活の質も上がるということですね。先生、とても素敵なお話をありがとうございました。

松倉クリニック＆メディカルスパ

美容医療のパイオニアといわれるクリニック。より効果が出やすく、日本人に合う治療法を求めて世界中の情報を収集・研究を続けている。田路先生が担当する「育毛外来」をはじめ、内科的なアンチエイジング治療から美容外科手術まで守備範囲が広いので、悩みに合わせた相談ができる。

問い合わせ：TEL03-5414-3600
診療時間：10:00 ～ 20:00（土日祝19:00まで）
〒150-0001 東京都渋谷区神宮前4-11-6
表参道千代田ビル9F

いざとなったらプロの手で一発逆転!

目的別サロンガイド

SALON_01

複合的な髪の悩みにはトリートメント

髪のダメージやハリ、コシがない、カラーで傷んだ髪をどうにかしたいというときは、髪の内部まで届けるトリートメントを。ホームケアとの違いは、美容成分の配合量や濃度が高いこと、プロの手でダメージのタイプを見極めて最適なケアをしてもらえることです。「ケラスターゼ」のテーラーメイド・トリートメント「フュジオドーズ」は、短時間でかつリーズナブルなので気軽にできるところがオススメです。

SALON DATA

ケラスターゼ

KÉRASTASE
PARIS

1964年にパリで誕生したサロン用のヘアエステティックブランド。女性の髪の悩みは1つではないことから誕生したメニュー「フュジオドーズ」は、カウンセラーがキューティクルの状態を見て、悩み別集中ケア濃縮液×理想の髪へレベルアップする導入液を選ぶ仕組み。置き時間がないため、「時間がないけれどキレイになりたい」という人に。Web上で自分に合った組み合わせを知ることができる。

■ケラスターゼ／03-6911-8333
https://www.kerastase.jp

サロンで使うケアアイテムは濃度や効果が高く、
技術を習得したセラピストの匠の技は、
弱った頭皮や髪の状態を引き上げてくれるもの。
ときにはプロの手に委ねてみることも大切です。
私、田村マナが自信を持ってご紹介できる、
全国展開のサロンを選びました。

※メニュー名や価格はそれぞれのサロンによって異なります。お問い合わせください。

SALON_02

うねりや立ち上がりの悪さには頭皮マッサージ

髪のうねりや立ち上がりの悪さを感じたら、まずは頭皮マッサージで活性化。日頃からパソコンやスマホなどで目を酷使している方、顔のたるみが気になる方は頭皮がかたくなり毛穴の力が弱くなりやすい状態です。頭皮を深部からていねいにほぐしてもらい、やわらかな状態に定期的に戻してもらいましょう。「イーラル」は植物の力に着目し独自のメソッドで「頭皮トラブル」にアプローチ。一度の施術で驚くほど髪の立ち上がりが良くなります。

SALON DATA

イーラル

EraL

頭皮の正常化を目指すメニュー「イーラルヘッドキュア」は、30時間もの研修を受けたキュアリストによる頭皮マッサージが特徴。頭皮をやさしくほぐしながら、深部までじわじわと響く手技で頭皮をうるおし、柔軟にして、つまりにくい毛穴に。シャンプー、ホホバオイルクレンジングによるマッサージ後、さらに炭酸ケアにより汚れを完全に除去して、仕上げは頭皮用パックを。

■イーラル／ 0120-36-1186
https://eral.co.jp

SALON_03

パーマやカラーで荒れた頭皮をケア

パーマやカラーを定期的にする方にオススメしたいのが、肌力を高めるケア。パーマやカラーをするとどうしても薬剤によって頭皮には相当な負担がかかり肌は荒れがちに。肌代謝を高め、保護力をアップすることでパーマやカラーリング剤に負けない肌を作ることが大切です。「オージュア」サロンでは日本人の髪のために研究開発された素晴らしい製品があり、髪と頭皮の悩みに合わせたメニューを提案してくれるから安心。

SALON DATA

ミルボン

Aujua

ヘアケアブランド・ミルボンの、ヘアサロン専用ブランド「オージュア」。集中的に頭皮ケアをする「スカルプケアメニュー」は、オレンジ、シダーウッド、ラベンダー、ゼラニウムの香りから選び、専用のオイルを使い徹底的に頭皮環境をよくする内容。知識と経験豊富なオージュアソムリエが頭皮の悩みを細かく聞いて、適したメニューとアイテムを提案。ホームケアまでしっかりサポート。

■ミルボン お客様窓口／0120-658-894
http://www.aujua.com

SALON_04

抜け毛や薄毛の深刻な悩みをサポート

抜け毛が気になったら、早めに訪れてほしいのが専門サロン。抜け毛や薄毛の問題は複合的なので、専門のカウンセラーに何が原因か見極めてもらいましょう。客観的な改善策を提案してくれるのがサロンで受けるカウンセリングの醍醐味です。薄くなってから行くのではなく早めのケアが何よりも大切です。「バイオテック」の施術は確かな技術力と共に、とても心地よいケアなのでエステ感覚で行ける専門サロンです。

SALON DATA

バイオテック

BIOTECH

30年以上「育毛」に特化してきた予約制個室サロン。ライフスタイルから悩みをひもとくカウンセリング後、汚れをより浮き上がらせる炭酸のシャワーを浴びながら、絶妙なテクニックのもみだしマッサージ。その後はアミノ酸系シャンプー、トリートメント、発毛促進のエッセンスを塗布して、抗菌作用があり丈夫な髪をつくるオゾン照射で完了。無料体験も実施中。
■バイオテック／0120-318255
http://www.biotech.ne.jp

おわりに

最後までこの本をお読みいただきありがとうございました。

この本を手にとってくださった方は、髪に何らかの悩みを抱えていることと思います。みなさまが悩んでいるトラブルはほとんどが改善すると信じています。

最初は抜け毛が減った、髪の立ち上がりがよくなってきた、美容室の方から「何か変えたの？　髪がよくなったね」とほめてもらえたなど、変化は少しずつかもしれません。でも髪は手をかけた分だけ必ず応えてくれます。

私の髪はとても細く、子どもの頃は貧弱で三つ編みができなかったほど。20代ではハードな仕事から不規則な生活が続き、突然髪の毛が抜け始めました。ただでさえ細くボリュームのない髪の毛がどんどん抜けていく恐怖。毎日がブルーな気持ちでした。その経験から生活習慣すべてを見直し、40代半ばを迎える現在、肌も髪もそして体も間違いなく最も調子がいい。白髪がまだ1本もないのはケアの賜物だと思います。

今回表紙を飾ってくださった大塚寧々さんの内面からあふれる輝き。それは美容の哲学をしっかり持って実践されているからではないかと、勝手に解釈しています。1つ1つは決して難しいものでもなく、何か1つに偏ることもなく非常にバランスがとれた考え方を持っていらっしゃると感じました。

この本でご紹介した内容も、これだけやればよいというものはありません。また何回やればよいというものでもありません。

ぜひみなさまの生活の中に取り入れていただき、習慣にしてください。

そしていつまでも輝きに満ちた艶やかな人生を楽しめますように……。

最後に、表紙や対談にご登場いただいた大塚寧々さん、松倉クリニックの田路めぐみ先生、この本を一緒につくり上げてくださったワニブックスの川上隆子さんはじめ、さまざまな無理を聞いてくださったスタッフの方々に心よりお礼を申し上げます。

2018年6月

田村マナ

SHOP LIST

アヴェダ	03-5251-3541
アマトラ	03-6228-5685
アルペンローゼ	0120-887572
ウカ	03-5778-9074
エル・ド・ボーテ	0120-558-827
大島椿	0120-457-178
貝印	0120-016-410
花王	0120-165-692
かづら清老舗	075-561-0672
カティエ　お客様相談室	045-620-9196
カラーズ	050-3786-2333
クィーン	0120-979-389
コスメデコルテ	0120-763-325
コンフォートジャパン	0120-39-5410
サンビー工業	06-6981-1012
資生堂インターナショナル	0120-81-4710
資生堂プロフェッショナル	0120-81-4710
スタイルクリエイト	052-504-3812
THREE	0120-898-003
ソラーチェ代官山	03-6892-2993
タカラベルモント	0120-00-2831
バイオテック	0120-1960-28
HACCI	0120-1912-83
パナソニック 理美容・健康商品ご相談窓口	0120-878-697
P&G　お客様相談室	0120-021327
ピエール ファーブル デルモ・コスメティック ジャポン	0120-638-344
ファースト	03-5475-8967
フジコ　お客様相談室	0120-304-456
プロジエ	03-6690-8599
ヘンケルジャパン　お客様相談室	03-3472-3078
ミルボン　お客様窓口	0120-658-894

CLOTHING LIST

カバー、P9、19

ワンピース¥41000／R JUBILEE（ショールーム セッション）
インナー　スタイリスト私物
しずく型ダイヤネックレス　¥146000／ベルシオラ
チェーン¥34000　チャーム¥14000　一番長いネックレス¥38000
リング ゴールド¥29000　シルバー¥9000
イヤリング¥16000　オレンジ石のチャーム¥15000／すべてアガット

P20、22

ワンピース¥15000／ヌキテパ（ヌキテパ AOYAMA）
ネックレス¥58000　イヤリング¥22000　透かしリング¥19000
シルバーバングル¥23000　ターコイズ付きバングル¥47000
ゴールドバングル¥23000／すべてアガット

SHOP LIST

アガット	0800-300-3314
ショールーム セッション	03-5464-9975
ヌキテパ AOYAMA	03-6427-9945
ベルシオラ	0800-300-3336

※商品の価格はすべて税抜き表示です。
※本書に記載されている情報は2018年6月現在のものです。
　商品の価格や仕様などは変更になる場合もあります。
※店舗や時期によって在庫状況が異なり、お取り扱いしていない場合があります。

STAFF

Cover model	大塚寧々
Photographs	資人導（Vale.）〈カバー・巻頭〉
	山田英博〈モデル〉
	齋藤裕也（t.cube）〈著者近影・P170〉
Hair & Make-up	小田切ヒロ（LA DONNA）〈カバー・巻頭〉
	広瀬あつこ〈モデル〉
Styling	安藤眞理〈カバー・巻頭〉
Model	本多麻衣
Art Direction	松浦周作（mashroom design）
Book Design	時川佳久（mashroom design）
Text	鵜飼香子
Edit	川上隆子（ワニブックス）

大人の「品」は艶髪《ツヤ》でつくられる

田村マナ　著

2018年7月14日　初版発行

発行者	横内正昭
編集人	青柳有紀
発行所	株式会社ワニブックス
	〒150-8482
	東京都渋谷区恵比寿4-4-9　えびす大黒ビル
電話	03-5449-2711（代表）
	03-5449-2716（編集部）
ワニブックスHP	http://www.wani.co.jp/
WANI BOOKOUT	http://www.wanibookout.com/

印刷所	株式会社光邦
製本所	ナショナル製本

定価はカバーに表示してあります。

ISBN978-4-8470-9692-1